2歳児のすべてがわかる！

保育力がグーンとアップする 生活・遊び・環境づくりの完全ナビ

網野武博・阿部和子 編著

明治図書

はじめに

21世紀を迎えてから，早くも10年以上が経過しました。前世紀から今世紀にかけて著しく進んだわが国の少子高齢化は，子どもをめぐる様々な問題や課題を浮き彫りにしてきました。とりわけ乳幼児の子育て及び保育をめぐる課題はその中でも高い関心を呼び，保育界においてはますます低年齢からの保育ニーズに対応した実践の展開や制度の転換が求められてきています。中でも，子育て家庭における子育てと仕事の両立を図るための保育サービスの充実は，低年齢段階での保育所への入所ニーズを一層高めています。その動向は，０歳からの保育所への入所数が近年非常に高まってきていることに結びついています。０歳児から保育所に入所する子どもたちは非常に少なく，前世紀末にはようやく１％台から２％台に達する程度でした。しかし，1997年度以降，それまで特別保育という色合いの濃かった乳児保育が一般化され，すべての保育所で実施することが求められるようになり，その割合は次第に高まってきました。2010年代には遂に４％台から５％台に達し，その潮流は，１，２歳児の入所割合を一層高めることに結びついてきました。今日では，保育所入所児数に占める１，２歳児の割合は30％を超えるに至っています。３歳未満児の４人に１人が保育所に通い，保育所入所児の３分の１以上が低年齢児保育の時代を迎えているのです。その割合は，今後一層高まることでしょう。

近年特に保育界で話題となっている保育所待機児童の問題とその解決の課題は，このように乳児保育，低年齢児保育の割合が急速に高まっていることと深く結びついています。待機児童の問題の中心は，０歳から２歳までの乳幼児の保育所への入所が狭き門である，というところに特徴があります。

さて，このように０歳からの保育の役割とその質の維持向上はますます重視されています。本書は，このような時代状況を背景にして，一層その重要な意義が高まりつつある０歳からの保育に関する最新の知識，技術，そしてマインドに関し，鋭意力を注ぎ，編纂されたものです。本シリーズの第３編「２歳児のすべてがわかる！」は，「０歳児のすべてがわかる！」「１歳児のすべてがわかる！」に引き続き，子どもたちの生活と発達の連続性や保護者との連携を重視して，同じ章の構成を考えて編集されています。これまでの第１編，第２編とのつながりを踏まえながら，本書を活用していただければより参考になると思います。

２歳から３歳にかけては，さらに行動範囲は拡大し，自己意識の発達に伴い他者との深い関係や社会性の発達が顕著にみられる時期です。そして，自己主張が一層深まり，保育の場では集団の中での協同的な生活や遊びとともに，その個性や主体性をますます考慮する必要性が高まってきます。こどもの願い，思い，ニーズに思いを致す保育に意を注ぐ保育が求められます。

以上の３編を通して，ますます重視される０歳から３歳に至る保育の根幹をおさえて，保育力のアップに役立たせることを心から願っております。

2016年１月

網野　武博

もくじ

序　子どもの思い，願いを受けとめる保育を実践しよう

1　自己意識から生じる他者への関心

１歳から２歳にかけてみられる自我の芽生えは，まさに２歳から３歳にかけて自己意識の発達を強く促していきます。自己意識は，「私（わたし）」と関わっている他者を強く意識し，他者が見つめる「私」を意識し，それを通して「私」を客観的に捉え，みずからの行動をコントロールすることができる心です。この心の働きは，子どもの認知的，情緒的世界に大きな影響を及ぼし，発達を支援する保育において非常に大きな意味をもっています。

例えば，保育中に子どもたちが鏡をのぞいた時，年齢的にどのような変化が生じているでしょうか。認知的世界で言いますと，早ければ，１歳の半ば頃から多くの子どもたちにみられる変化は，鏡に映っている目の前の像は「私」自身であることを理解し自分自身でおどけたりして，鏡を見つめ楽しむことができます。さらに２歳から３歳にかけては，鏡に映っている「私」を他者がどのように見ているかを意識した行動がみられます。「私」が映っている鏡を通して他者が見つめる「私」を意識できるのです。そこに，さらに情緒的世界が重なると，その行動をより深く理解できるでしょう。他者に限らず対象に対する直接的に向けられる感情は一次的感情と呼ばれ，１歳児の段階までには喜び，驚き，悲しみ，嫌悪，怒り，恐れなどの情緒的反応が見られます。そして２歳頃には，照れ，恥ずかしさ，あこがれ，共感の感情が芽生え，２歳から３歳にかけては，誇りや恥，気まずさ，罪の感情が表れます。保育中に，共感や思いやりを伴った行動がみられたり，いさかいやけんかが生じた時に，ある子どもが自分の方に非があることの気まずさを感じていることを，多くの保育者が経験されているでしょう。これらの情緒的反応は，二次的感情と呼ばれ，他者との関係つまり他者が「私」をどのように見ているか，「私」が他者をどのように見ているかと深く関わったものです。

２歳児クラスの子どもたちの自己意識の発達は，特に他者の心に思いを致してみずから「私」を評価し（自己評価），「私」の思いや願いを主張し（自己主張），みずからの行動をコントロールする（自己制御）ことが可能です。

2　子どもの思い，願い，ニーズに思いを致す保育

「２歳児編」で述べられている内容は，保育者が一人ひとりの子どもたちの自己意識がグングン育まれていることを深くふまえて，その心の世界に寄り添う保育の意義を伝えてくれています。子どもたちの思いや願いは，まず，みずからの利益を重んじていますが，それとともに他の子どもたちや保育者など他者との関係を深く意識し，他者の利益にも思いを致す能力を伸ばすことのできる大切な時期です。保育者がまず率先して自己を省察し，一人ひとりの子どもや子ども集団の利益を考慮する姿勢が，子どもの次なる発達を保障していくのです。

保育所保育指針では，第１章総則や第６章保護者に対する支援，第７章職員の資質向上のところで「子どもの最善の利益」を考慮することの重要性にふれています。この言葉は，保育所における根本理念として受け止めるべき重要なものであり，子どもの最善の利益の考慮はすべての保育，保護者支援に関わっていますが，特に２歳児段階以降の子どもたちの発達特性をふまえる時，その実践の大切さがより理解できるように思います。

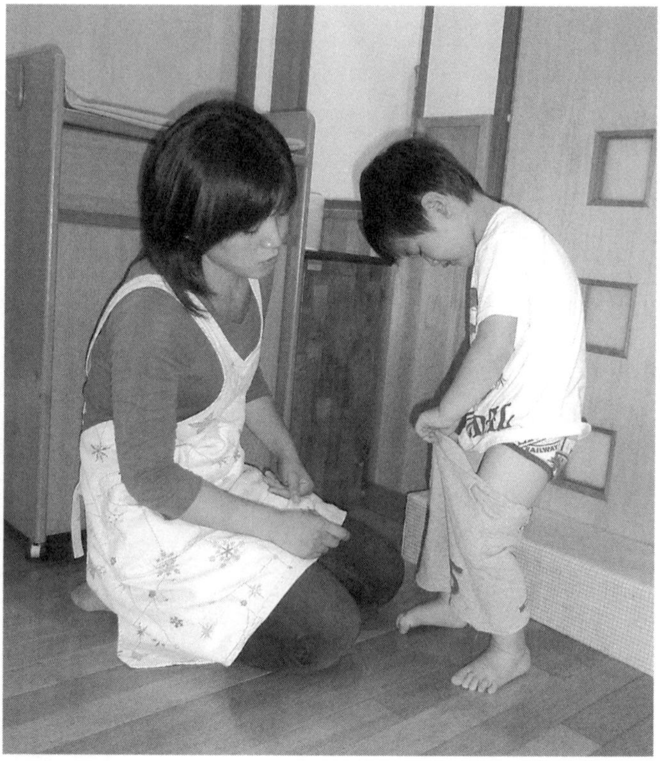

子どもの最善の利益を考慮するということは，その子どもの生存，発達を最大限の範囲において確保するためにその子どもにとって必要なニーズが最優先されて充足されるように考慮するということです。まず，しっかりといのちを守り，保護し，育て，導くことは，特に低年齢の子どもたちほど考慮されなくてはなりません。また，もう一つ常に考慮すべきことは，保育者などが自分自身の価値観や子ども観，ニーズを優先させることなく，子どもへの偏った理解を避け，子どもの思い，願い，意見を尊ぶことです。

3　子どもの最善の利益を考慮する４段階

図０－１「子どもの最善の利益を考慮する４段階」をご覧下さい。上に述べた２つの考慮のポイントをふまえ，子どもを保護する視点から次第に子どものニーズを尊重する視点へと段階が変化し，合わせて４つの段階でまとめたものです。実に多様な保育場面がイメージされてくるでしょう。子どもの最善の利益に思いを致す保育において，欠かせない省察点を２つあげたいと思います。第一に，保育者の利益，ニーズが満たされ，子どものそれが軽視されていないかどうかをしばしば省察することです。第二に，子どもを一人の人間として尊重し，人間の尊厳を重んじる心や行為をおろそかにしていないかどうかをしばしば省察することです。どの年齢の子どもに対しても，どのような保育においても，共通する視点や省察点ですが，２，３歳児の保育においては，特に子どもたちの声なき声から具体的な声にいたるまで非常に多岐にわたり，また自己意識の発達と結びついた多様な他者との関係の中で，保育者がその心に耳を傾け，見つめる姿勢，寄り添う姿勢を大切にしていくならば，この４段階が総合的に一体的に考慮できる保育が可能であるように思います。そして重要なことは，保育者のこの姿勢が，子ども同士でも相手の利益を考慮する意識，態度，価値観を着実に育んでくことです。

図０－１　子どもの最善の利益を考慮する４段階

第１段階

・子どもの命や健康，成長・発達が脅かされることのないように考慮する
・虐待，ネグレクトの予防・対応 etc.

第２段階

・子どもへの差別，偏見，蔑視がなされないように考慮する
・人格を辱める行為，先入観・固定概念はないか etc.

第３段階

・子どものニーズ，思い，願いを無視，軽視することのないように考慮する

第４段階

・子どもの意見を確かめるように考慮する
・思いを聴き取る，声なき声を聴く etc.

Ⅰ章　2歳児のことをもっと知ろう —身体(からだ)の発達・心(こころ)の発達—

1　思いっきり身体を動かし，挑戦してみよう——運動の発達

(1)　基本的運動機能の発達

歩く力がしっかりとしてきて，遊びや行動の幅が一段と広がっていく時期です。ちょっとした溝をまたいだり，段差から飛び降りたりすることも，散歩の楽しみの一つのようです。段差がそれほど大きくなければ，階段の上り下りも自分でするようになります。初めは一段ずつ足をそろえてから次の段に進みますが，２歳後半頃には左右交互に足を出して上ります。また，つま先立ちや横歩き，後ろ歩きなどもし始めます。

遊びのなかでは，保育者の様子を確認しながら追いかけっこを楽しんだり，友達同士で思いっきり走り回ったりする姿も見られます。また，合図とともに自分の動作を開始・制止するといったこともできるようになってきて，音楽に合わせてリズム遊びをする様子も見られます。斜めの姿勢を獲得することで，屋外ではなだらかな斜面を立って上り下りすることなどにも挑戦します。

これら歩く・走る・跳ぶといった基本的運動機能の発達により，屋外や広い場所で全身を使ったダイナミックな遊びが展開されていきます。蹴る，投げる，よじ登る，もぐるといった多様な動作や姿勢を伴う経験を繰り返しながら，速く－遅く，強く－弱くなど，自分の動きを状況にあわせて調整するために，身体をコントロールする力も伸びていきます。安全に配慮しながら，子どもたちがのびのびと思う存分遊ぶ楽しさを十分に味わう機会をもてるようにすることが，この時期の身体の発達を支えます。

(2)　手指の機能・事物の操作

引っ張る，ねじる，積む，並べるなど，ものを扱うために手や指を操作する機能が発達します。指先に力を込める，複数の異なる操作を組み合わせるといったより細かい操作を行う力がついてくるので，粘土遊びや積み木遊びに興味をもち，集中して取り組む様子が見られます。シールをめくって貼ったり，紙に折り目をつけたりすることも楽しみます。

日常生活の中でも，器を持ち，スプーンですくって食べるといった両手を用いた動作が身に付いてきます。できることが増えてくると，自分でボタンをとめたり靴を履こうとしたりするなど，身の回りのことを自分で行うことに意欲を見せます。

また，手の動きを制御する力や認知的な発達に支えられて，模倣しながら紙に縦線や横線を描くことを楽しむようになります。さらに，２歳後半頃になると，十字に交差した線や始点と

終点がつながっている閉じた円を描くようになります。
行動範囲の拡大とともに探索意欲も活発となり，身近な生活空間の中で色々なものを見つけては触ったりいじったりすることが大好きです。大人にとっては目が離せず手のかかることも多いところではありますが，様々な素材やものを使って，満足のいくまで十分に遊びこめる時間や環境をもてるよう心がけたいものです。

2 これは何？どうして？興味と関心が理解を育む――言葉・認知の発達

(1) 語いの増加と会話の成立

個人差が非常に大きいものの，語い数は，一般的に２歳頃で約300語，２歳半頃で約500語，３歳頃で約1000語と，大幅に増加していきます。「ものには名前がある」ということに気がつくことが，この時期の語彙の急増に関係しているようです。目の前にある一つひとつのものを指して，「これ，なに？」と尋ね，答えてもらうということを日々繰り返し行います。
新しい語彙を獲得すると，それまで過剰に汎化していた語（例えば，動物を見るとすべて「ワンワン」と言うなど）の範囲を狭めて，対象を指すのにより的確な語を使うようになります。
また，この時期の子どもたちは，ある言葉やフレーズを初めて耳にしたとき，自分が既に知っている語いや知識にひきつけて，その意味を理解し使おうとします。言葉を，「〇〇とはこういうもの／ことである」というように辞書的に正確に覚えてから使うのではなく，実際に使いながらしだいに覚えていくのです。子どもたちの会話や歌に見られる言い間違いは，そうした子どもたちの語いの獲得スタイルによるものです。
また，名詞や動詞以外に，形容詞や副詞も１歳半頃から使用し始めますが，さらに２歳前後には助動詞（「れる・よう・たい」など）や助詞（「は・に・の・が・と」など）も用いるようになります。これも最初から正確に使えるわけではなく，誤用を繰り返し，それに対してその都度大人からフィードバックを受けながら，正しい使い方を理解していきます。その際，「語を正しく使う」ことにこだわって，誤った使い方をしている言葉の言い直しをさせることよりも，自然なやりとりを楽しむなかでさりげなく正しい言い方で返すなどして，子どもたちの言葉を使いたい，伝えたい，知りたいという気持ちを支え育んでいくことが重要であることは言うまでもありません。
語いの増加に加えて，この時期には二語文から三語文，四語文が出てくるようになります。２歳半前後あたりからは，「ママ，あっち行くって言った」「公園行ったら，ブランコ乗るの」のように，引用句や従属句をもつ文も話します。身近な人と言葉を交わす経験の中で，会話が成り立つために必要な会話の基本ルール（問いに対して答える，話し手と聞き手は交代する，など）を身に付け，会話の能力が急速に発達してきます。
また，「これ，パパが〇〇で買ってくれた」など，過去の出来事についても，話題に上るようになります。大人からの「いつ・どこで・誰と・何をしたか」という問いに支えられながら，今・ここにはないことも，思い出して語ります。これには，事物の因果関係や時間的関係の理解，記憶力の発達も関係しています。

このように，言語発達の著しい２歳児ですが，伝えたい内容について筋道を立てて話すことはまだ難しいことも多く，大人からの手助け（足場かけ）が必要です。

⑵　象徴機能の発達と事物・事象に関する理解

ピアジェによる認知の発達段階では，２歳頃から前操作期と呼ばれる時期を迎えます。これは，感覚や運動を通して外界の事物を認知する最初の感覚運動期（０〜２歳頃）を経て，まだ非論理的ではあるものの，身振りや動作，言語を使って，象徴的な思考が可能とされる段階です。この時期，象徴機能の発達によって，「見立て」や「つもり」を伝えながらイメージを使って遊ぶ姿が見られます。ブロックなどで自分がつくったものを，食べ物や乗り物に見立てて，「ケーキ」「バス」などのように言葉で表すといったこともするようになります。さらに２歳後半以降になってくると，こうしたイメージを使った見立てによる遊びが，簡単なごっこ遊びへと展開し始めます。「いらっしゃいませ」「〇〇ください」「はい，どうぞ」と，日常生活で目にした出来事の様子を再現したやりとりを，身近な人と一緒に楽しみます。子ども同士ではなかなかやりとりが成り立たないこともありますが，他の子どもの見立てたものを同じように見立てて，共感し合いながら遊ぶことが多くなってきます。子どものイメージを呼び起こしたり，他者と共有したりすることがおのずと促されるような環境が，こうした遊びの豊かさを引き出し，広げていきます。

また，事物・事象の特徴や関係についても興味をもち，理解が進みます。「同じ」「違う」といった共通性や，「大きい・小さい」「長い・短い」「多い・少ない」などの関係がわかるようになり，それらを言葉で表現し始めます。さらに，「〜したら，〜する」「〜すると，〜になる」「〜だから，〜する」といった，事象と事象の間の関係を理解し，少し先のことに子どもなりの見通しをもって行動することができるようになってきます。「なんで？」「どうして？」といった問いを発して，さかんに理由や原因を知りたがる様子も多く見られます。

２〜３歳にかけての時期，喜びや悲しみ，怒りなどの基本的な感情の理解の発達が進みます。また，「人はものをほしがる」という欲求の理解も生まれます。しかし，まだこの段階では他者の視点をとることは難しいようです。立場によって人の知識や「〇〇と思っている・考えている」という心の状態には違いがあること，つまり自分は知っていても状況によって相手は知らない場合があるといったことを理解するようになるのは，もう少し後のことになります。そのため，この時期の子ども同士の関わりのなかではぶつかり合いも多く生じますが，こうした経験を重ねることが，人の心の理解へとつながっていきます。

3 「自分で」と「やって」を受けとめてほしい――主体性の発達

(1) 「自分」についての気づきと自己主張

２歳頃になると，表象能力（頭の中で物事を思い描く能力）などの認知的な能力の発達に伴い，客体的自己意識と呼ばれる，自分を対象化して捉える見方もより発達してきます。１歳の時に始まった探索行動や，大人に対する自己主張・反抗を通して，子どもたちは，自分の働きかけによって周囲の事物や人にどのような反応や変化を引き起こせるのかを確かめたり，他者とは異なる意志をもつ自分を強く意識し，それを表現しようとしたりします。

大人の側から見れば，この頃はちょうど「赤ちゃん」から脱してしつけを行うということを意識し始める時期でもあります。子どもが危ない行動や他者に迷惑を及ぼすような行為をするときには制止しなくてはなりませんし，社会的なルール・マナーも少しずつ伝えていく必要が出てきます。

１歳後半頃から始まった，こうした子どもの「自分」の育ちと，子どもを制止したりしつけたりしようとする大人の間で生じるぶつかり合いが，２歳ではいちだんと激しくなります。大人にとって子どもに対する関わりが特に難しくなる時期として，第一次反抗期と呼ばれることもあります。英語圏でも“terrible two”，すなわち「恐るべき２歳」という言葉があるように，この時期のこうした子どもと大人の葛藤は，文化を越えて，子どもが一人の自立した人間として育っていく過程でごく自然に生まれてくるものと言えます。

子ども側の立場から見れば，自己主張や反抗は，自分で自分のしたいことや好きな物を選び，その思いを他者に伝え，実行することを練習しているということでもあります。しかしまだ，自分が抱いている様々な思いを自分自身で捉え，さらにそれを言葉で表現するというのはなかなか難しい時期でもあります。思いが伝わらなかったり，自分でもどうしたらよいのかわからなかったりして，激しく泣いたり怒ったりしながらも，親や保育者など身近な他者との衝突を経験しながら，子どもはしだいに自己主張の仕方や社会的な規則・規範といったものを知り，自分の思いを現実の中で遂げるということを身に付けていきます。

(2) 自己意識的感情の育ち

子どもは，親や保育者などの身近な大人から，認められたり褒められたり，あるいは叱られたり咎められたりする経験を通じて，自分に期待されている振る舞いや行為のあり方を知り，社会生活に必要なルール・マナーといったものを学びます。こうした周囲の他者から得た期待や規則・規範は，しだいに子ども自身の内面に取り込まれていきます。そして，大人がその時その場にいなくても，自分のすべきことやしてはならないことを自ら判断し，行動するようになっていきます。

こうした子どもの行動の背景にあるのが，「自分の行動は他者から見てどのように捉えられるだろうか」ということを意識した感情です。例えば，誇らしさ，恥ずかしさといった感情は，客体的な自己意識と自分に対する他者の目というものへの意識があって初めて生じる感情と言えます。生後間もない時期から見られる喜び，怒り，悲しみ，怒り，恐れ，驚きといった原初的な感情とは，質的に少し異なる感情と言えるでしょう。

１歳半頃の時点で，こうした客体的自己意識に基づく照れや共感，羨望といった感情が見られるようになりますが，さらに２歳前後になると，基準や規範の理解に基づく自分の行動の評価を行い，それによって誇りや恥，罪悪感をもつようになります。子どもたちの内にあるこうした思いに目を向けた関わりが重要です。

(3) 認めてほしい気持ち，甘えたい気持ちを受けとめながら

自分を客観的に捉え，他者からどのように見られているかということを意識するようになると，してはいけないことをしたときに謝ったり，壊したものを元に戻そうとしたり，あるいは何かに成功したとき相手の方を見ながら拍手や万歳をしたりする行動が見られます。また，話し言葉の発達に支えられて，自分の意図や欲求，喜怒哀楽の感情についても，言葉にして表現することができるようになってきます。

こうした子どもの行動や会話に，大人がどのように反応するかということは，子どもの自分についての考え，すなわち自己概念に大きな影響を及ぼします。子どもに対して，親や保育者自身はどのようなことを考えたり感じたりしたのかということを伝えることによって，子どもは，「自分はどのような人なのか」ということについてのイメージをしだいに形成していくのです。

１歳から２歳にかけて，子どもが自分自身を表す言葉は大きく広がりを見せていきます。名前に始まり，年齢や性別など，自分の属性を表現するだけでなく，自分のこれまでの経験をもとに，「○○できる」「○○がじょうず」「○○が好き」など，具体的にわかりやすい自身の特徴を述べることもし始めます。概して，この時期は自分を肯定的に捉えやすく，大人の目から見れば子どもの自分自身についての理解が正確であるとは言い難い面もありますが，こうした自己概念が，その後自分を様々な側面から捉え，統合していくための最初の一歩となります。

一方で２歳児は，できるはずのことでも大人に「手伝って」「やって」と言ってくることも多々あります。遊んでいるときにも，「見ててね」という言葉をよく使います。自分で挑戦し，集中して取り組み，やり遂げるための心のよりどころとして，あるいは依存したい気持ちの表れとして，自分に目を向けてほしい，関わってほしいというサインをしばしば示します。自分でしたいという気持ちがふくらんでいく一方で，その自分を見守り，受けとめてくれる大人の存在を求める気持ちも強い時期です。揺れ動く心に丁寧に寄り添いながら，子どもたちが達成感や満足感を味わい，自分と他者に対する信頼感を心の内にしっかりと根づかせることができるよう，支えていくことが求められます。

4　ぶつかりあうけど，一緒が楽しい――仲間関係の発達

(1)　自我の充実と他者への関わり

２歳児の「自分」の拡大と充実は，他者との関係においても様々な場面で見られます。２歳前半の頃は，他者のものではない「自分の領域」をもっと広げたい，大事に守りたいという気持ちが心の中にとても強く存在しています。そのため，気に入った玩具などは独り占めしたがったり，お菓子などを「配って」と頼まれても全て自分のものにしてしまったりする様子が見られることもあります。また，自分の椅子などの「居場所」に他の子どもが座ったりすると，怒って追い出そうとしたりすることもあります。

しかし，日々の生活のなかで，信頼できる大人との関係において自分の思いを主張し，それが受けとめられる経験を重ねていくことを通して，子どもたち自身の心にも「他者を受け入れる」ということが育まれていきます。例えばこの時期，お菓子の配分などにしても，自分の分を最大にしつつも友達にも最小限は配るようになり，さらには，自分と他者に配る量を同じくらいにするといった変化が見られます。自我の充実によって，他者とつながりを持ち，受けとめようとする心が育つのです。

この時期には，保育者との関係を基盤に，より様々な他者，とりわけ同じ集団で日々過ごしている友達への意識や関心が高まり，積極的につながりをもとうとし始めます。自分と相手の関係の強弱を理解し，それに応じて自我の出し方を調整する様子や，保育者だけでなく友達の名前を口にするようになったり，男の子と女の子の違いに興味を示したりする姿も見られます。２歳後半になってくると，玩具などを媒介にして子ども同士で一緒にごっこ遊びを楽しみ，互いの名前を入れて会話を展開していくようになってきます。保育者の仲立ちを必要としながらも，しだいに同年代の仲間との「横のつながり」へと世界が広がっていく時期と言えるでしょう。

(2)　仲間との関係の中での育ち

この時期の子どもたちの中でふくらんできた友達に対する強い関心は，日常生活の様々な場面に現れてきます。遊びや散歩のときなどに，誰かがしていることを見て，自分も同じことをまねてみたり，食事や衣服の着脱などの場面で友達の様子を見て「自分も」とがんばろうとしたりする姿がよく見られます。ともに過ごす仲間の存在が，子どもたちにとって大きな意味をもつようになってきたことがうかがわれます。

一方で，友達との間で互いの要求がぶつかりあって対立が生じ，自分の行動を調整しなくてはならない場面も増えてきます。遊具など物や場所の取り合いでは，先に使っている人が優先といったルールを認識してはいるものの，気持ちの面では調整が難しいといったこともしばしば起こります。しかし，そうした経験の中で，主張するだけでは通らない状況では，思いを実

現するために待つことなどを身に付けていきます。また，他者の要求を受け入れて譲る，交代して使うといったことも少しずつできるようになってきます。

友達の存在は，子どもたちの遊びの範囲を広げ，また楽しさを増してくれます。友達の姿を見て自分もしてみたくなり，また友達と一緒にすることでよりいっそう楽しくなってくるといった様子です。「一緒に遊んでいる」という気持ちのつながりがしだいに芽生えつつあることが感じられる時期です。

子どもたち同士では十分に伝え合うことが難しい場合もしばしばありますが，「〜だね」と，共通の体験について語り，共感する姿も見られます。日々の生活を共にしているからこその，育ち合いと言えるでしょう。友達に何かをしてあげたり，してもらったりすることが自然と生まれ，またそれをお互いに嬉しいと感じている様子もあります。保育者の関わりをモデルとしながら，他者を気遣い思いやる行動が少しずつ出てきます。「相手のため」という意識はまだ明確にはなくても，向社会的な行動の育ちへとつながる大切な一歩です。子どもが友達と同じだと気がついたことに対して保育者が「おんなじだね，よかったね」と共感したり，友達からしてもらったことについて「嬉しいね」と思いを言葉にしたりすることを通して，保育者が子どもの友達との体験を意味づけることによって，仲間と一緒に過ごすことの喜びや楽しさ，友達とのつながりを子どもたちは感じ取り，関わりを深めていくのです。

「自分」という意識の育ちと同時に，それまでの大人との関係を気持ちのよりどころとしながら子ども同士の世界を広げ始めるこの時期，３歳からの本格的な集団生活に向けて，「一緒だから頑張れる，一緒だから楽しい」という気持ちをしっかりと培っていきたいものです。

Ⅱ章 保育所保育指針を生かそう

1 保育所保育指針から読み解く２歳児の生活・遊び

平成20年３月に告示され，翌21年度より施行となった保育所保育指針では，「子どもの生活と発達の連続性」をふまえ，「養護と教育の一体性」をより明確に意識することが特に大切にされています。保育所は，０歳から就学前までという発達の非常に著しい時期にある子どもたちが共に過ごし育ち合う場です。第１章（総則）にも述べられているように，この２つのキーワードは，保育所保育の特性の根幹をなすものといえるでしょう。

では，保育所保育指針に示されている内容を，日々の保育の中で２歳児の生活や遊びに生かしていく際，保育者にはどのような視点や関わりのもち方が求められているのでしょうか。ここでは，第２章（子どもの発達），第３章（保育の内容）を中心に，２歳児の生活・遊びと保育所保育指針のつながりについて考えてみます。

なお，本章で述べる保育所保育指針の基本的な考え方は，他の年齢の子どもたちの保育においても共通するものです。そのため，保育所保育指針の趣旨や内容を理解する上で特に重要な基盤となる点については，本書の同シリーズ『０歳児』『１歳児』編でも同様に取り上げて解説しています。

2 ポイントその１ 生活と発達の連続性をふまえた保育

(1) 発達を理解し，一人ひとりの育ちに応じる

子どもの「発達」のとらえ方

保育所保育指針（以下，保育指針）の第２章では，まず子どもの発達をどのようにとらえるかという発達観に続いて，乳幼児期の発達の特性と８つの発達過程区分にそった子どもの発達の道筋がまとめて示されています。

そもそも，「発達」とはどういうものなのでしょうか。いろいろな考え方がありますが，保育指針では，「子どもがそれまでの体験を基にして，環境に働きかけ，環境との相互作用を通して，豊かな心情，意欲及び態度を身に付け，新たな能力を獲得していく過程である」としています。子どもがみずから周りの人やものと関わり，様々な経験を積み重ねていく中で，内面のありようがどのように動いていくのか，そのプロセスに目を向けたとらえ方です。

２歳児は，外見的な特徴も行動面も，赤ちゃんから幼児へと大きく変化していく移行の時期

です。歩く，走る，跳ぶといった全身を使う運動の幅が広がるとともに，指先の動きもより細やかで巧みなものとなり，食事や衣類の着脱などにおいて自分でできることも少しずつ増えていきます。排泄をコントロールするための身体的機能も整ってきて，家庭や保育所でも身辺の自立やしつけを意識した関わりが増えていきます。言葉の面でも，語彙が増加して「パパ，バイバイ」「ワンワン，イタ！」など様々な二語文が飛び出すようになり，さらには三語，四語の発話もみられるようになります。大人がこうした子どもの発する言葉を受け止めて，「パパはお仕事に行ったのね」と意味づけをしたり，「白いワンワンだね，かわいいね」と共感しながら言葉の世界を広げていくようなやりとりを楽しんだりすることで，子どもたちのイメージの世界は豊かに広がり，周囲の人たちとのコミュニケーションを楽しむ心が育まれていきます。

もちろん，こうした様々な育ちには性格や個人差，家庭環境，これまでの生活体験などにより，一人ひとり違いが見られます。保育者に求められているのは，それぞれの子どもの姿から，その時々の内面やこれまでの経験を読み取るまなざしをもつことです。「自分からトイレに行って用をたせるようになった」「会話がしっかりとできるようになってきた」など新たに何かができるようになった，わかるようになったという外面的な「見える」変化だけをとらえるのではなく，子どもがどのようなことを経験し，その中で感じ，味わい，願っているのは何か，そうした多様な心の動きをくみ，受けとめることも含めて，発達を読み取ることが重要です。

この時期の子どもたちは，遊びや生活全般において，「自分でしたい」という意欲を強く示して自己主張をさかんにするようになります。思うようにいかなかったり大人が手を出したりすると，激しく泣いて怒る姿もよく見られます。一方で，「できたよ！」「見ててね」と保育者に求めてくる姿から，自分の思いや挑戦してみて実際にできたことの喜びを，身近にいる大好きな大人にわかってほしいという強い気持ちも抱えていることがうかがわれます。保育者が一人の子どもの様々な気持ちや意欲，努力を認めながら，時にはルールやマナーといった行動の「枠」を提示することによって，子どもは自分に対する自信や周囲の環境に関わっていく意欲を深めるとともに，気持ちをおさめることやしてはいけないことなども少しずつ体験的に学んでいきます。発達援助においては，保育者が個々の子どもの心の内と丁寧に向きあいながら，それをあたたかく受けとめ，いかに子どもの自主性を尊重した関わりをしていくかということが，大きく問われることになるのです。

発達過程を理解する

前述したように，保育指針の第２章では「発達過程」として「おおむね６か月未満」から「おおむね６歳」までの各発達過程区分における子どもの姿が示されています（表２－１）。これは，以前の指針では第３章～第10章で発達過程区分ごとに設けられていた「保育の内容」の中で，それぞれ冒頭に示されていた「発達の主な特徴」にあたる部分が，よりシンプルな記述となってまとめられたものです。

２歳児クラスとその直前の子どもたちの特徴を確認してみましょう。

表２－１　保育指針に示された「発達過程」（第２章）

発達過程区分	発達の主な特徴
おおむね６か月未満	著しい発達，特定の大人との情緒的な絆
おおむね６か月から１歳３か月未満	**運動発達―「座る」から「歩く」へ，活発な探索活動，愛着と人見知り，言葉の芽生え，離乳の開始**
おおむね１歳３か月から２歳未満	**行動範囲の拡大，象徴機能と言葉の習得，周囲の人への興味・関心**
おおむね２歳	**基本的な運動機能，言葉を使うことの喜び，自己主張**
おおむね３歳	運動機能の高まり，基本的生活習慣の形成，言葉の発達，友達との関わり，ごっこ遊びと社会性の発達
おおむね４歳	全身のバランス，身近な環境への関わり，想像力の広がり，葛藤の経験，自己主張と他者の受容
おおむね５歳	基本的生活習慣の確立，運動機能の高まり，目的のある集団行動，思考力の芽生え，仲間の中の一人としての自覚
おおむね６歳	巧みな全身運動，自主と協調の態度，思考力と自立心の高まり

＊各発達過程区分における「発達の主な特徴」は，『保育所保育指針解説書』（厚生労働省，2008）の見出しによる。太字は筆者。

注意したいのは，どの発達過程区分でも「おおむね」という語が加えられていることです。これは，ここに描き出されている発達の特徴が，その年齢の均一の基準，あるいは達成するべき年間の目標といったものではなく，あくまでも一人ひとりの子どもの育ちを細やかにとらえていく際に必要とされる基本的な目安であることを，より明らかに表すためです。○歳の子は皆こういう特徴がある，○歳までにこれができていなくてはいけない，といったことを意味しているのではありません。

この節では，主に運動・情緒・対人関係と社会性・言語・認知・基本的生活習慣といったいくつかの側面から，子どもの発達過程を述べています。これらの進み方にはそれぞれ，あることが次のことの大事な基盤になるという，順序性や方向性があります。これまでにどのような育ちが積み重なってきて，それがどのように次につながっていくのか，その道筋を把握しておくことは，子どもの「今」をとらえ「これから」の育ちを見通して，その時最もふさわしい関わりをしていく上でとても大切なことです。

ただし，こうした各側面の発達過程が実際にどの時期にどのように進んでいくかは，子どもによってかなり異なります。進み方の速い子ども，ゆっくりしている子ども，各側面がバランスよく育っている子ども，進み具合の違いが大きい子どもなど実に様々です。特に低年齢児は，こうした個人差が非常に大きい時期であることを十分に理解しておくことが必要です。また，同じ子どもでも育ちは常にある一定の早さというわけではなく，ゆるやかに変わっていく時期もあれば飛躍的な育ちを見せる時期もあります。時にはちょっと後戻りしているように見える時期もあるでしょう。

さらに，発達過程の各側面は，それぞれが別個に進んでいくのではなく，お互いに関連し合っています。その時々の心身の状態や家庭の環境などによって，普段よりも甘えたがったり，泣きやすかったりすることもあります。

こうしたことについて，保育指針では「様々な条件により，子どもに発達上の課題や保育所になじみにくいなどの状態が見られても，保育士等は，子ども自身の力を十分に認め，一人一人の発達過程や心身の状態に応じた適切な援助及び環境構成を行うことが重要である」と述べています。発達過程の基本を押さえつつ，保育の実践にあたっては目の前にいる子どもの姿から，その子どもの内面や今まさに育とうとしていることを読み取り，一人ひとりに応じていくことが求められているといえるでしょう。

この保育指針第２章の発達過程に関する記述を読み解くにあたってもう一つ大切なことは，６か月未満から６歳児までの発達過程が一貫して記されているという点です。個々の子どもの中で，育ちは途切れることなくつながっています。自分は２歳児クラスの担当だから，現在の保育に直接関係する発達過程区分のところだけ理解するということではなく，誕生から就学まで，さらにはその先までも含めた育ちの全体像を見通しながら，今ここにいる子どもたちと関わっていきたいものです。

⑵　乳幼児期の発達の特性を理解する

心も身体も大きく育っていく乳幼児期は，それ以降の育ちと比較してより重視すべき特性がいくつかあります。発達過程の理解とともに，こうした特性についても配慮しながら，保育の計画・実践・振り返りに反映する必要があります。

乳幼児期の発達の特性について，保育指針では以下のように示されています。

１　乳幼児期の発達の特性

⑴　子どもは，大人によって生命を守られ，愛され，信頼されることにより，情緒が安定するとともに，人への信頼感が育つ。そして，身近な環境（人，自然，事物，出来事など）に興味や関心を持ち，自発的に働きかけるなど，次第に自我が芽生える。

⑵　子どもは，子どもを取り巻く環境に主体的に関わることにより，心身の発達が促され

る。

(3) 子どもは，大人との信頼関係を基にして，子ども同士の関係を持つようになる。この相互の関わりを通じて，身体的な発達及び知的な発達とともに，情緒的，社会的及び道徳的な発達が促される。

(4) 乳幼児期は，生理的，身体的な諸条件や生育環境の違いにより，一人一人の心身の発達の個人差が大きい。

(5) 子どもは，遊びを通して，仲間との関係を育み，その中で個の成長も促される。

(6) 乳幼児期は，生涯にわたる生きる力の基礎が培われる時期であり，特に身体感覚を伴う多様な経験が積み重なることにより，豊かな感性とともに好奇心，探究心や思考力が養われる。また，それらがその後の生活や学びの基礎になる。

第2章（子どもの発達）

この時期の子どもの発達に関して，保育指針では人との関わりを非常に重視していることが(1)〜(6)の記述から読み取れます。人が育っていく上で，他者との関係性はどんな時期でももちろん大切なものですが，乳幼児期の子どもたちにとって，自分を取り巻く大人たちや仲間の存在と，その人たちとの日々のやりとり，関係性といったものが，心身両面の発達・発育に及ぼす影響が特に大きいといえます。そのため，まずは身近な大人（保育者）に守られ，愛情豊かなやりとりを経験することを通じて安心して自分らしくその場・その時（保育所での生活）を生きることができるようになることが，あらゆる発達の出発点であり土台とされているのです。

次の第3章（保育の内容）における「養護と教育が一体となった保育」も，こうした乳幼児期の発達の特性を前提とするものです。子どもの発達の理解と日々の保育実践は分かちがたく結びついています。

(3) 生活の連続性を大切に

子どもの立場からながめてみると，発達の連続性とともに保育所と家庭，地域社会という育ちの「場」についても，つながりのあることが見えてきます。一日の流れの中で，保育所，家庭，地域と過ごす場所が異なっても，それぞれの場での体験のもつ意味や子どもの心身の状態は連続性をもっています。このため，保育指針では家庭や地域と連携して保育内容の充実を図ることを求めています。

オ　家庭及び地域社会との連携

子どもの生活の連続性を踏まえ，家庭及び地域社会と連携して保育が展開されるよう配慮すること。その際，家庭や地域の機関及び団体の協力を得て，地域の自然，人材，行事，施設等の資源を積極的に活用し，豊かな生活体験を始め保育内容の充実が図られるよう配慮すること。

第４章（保育の計画及び評価）の１の(3)「指導計画の作成上，特に留意すべき事項」

２歳児になると，子どもたちみずから「自分で！」と強く主張して，衣服の着脱や食事をしようとする姿がよく見られるようになります。生活リズムの面でも，毎日繰り返す生活習慣について自分なりの見通しをもち，「○○したら○○する」という流れにそって行動するということも次第にできるようになっていきます。子ども同士の関わりもぐっと多くなって，生活を共にする楽しさや「一緒だったらできる，がんばれる」ということを体験していく時期です。なんとなく頭ではわかってはいるけれども気持ちをうまく調整できない，注意がそれてしまったりして行動に移せないといった場面もまだ多くありますが，子どもが集団生活の中でみずからが主体となり日々の暮らしをつくっていく最初の段階とも言えるでしょう。

一方で，言うまでもないことですが，こうした育ちは保育所だけでなく家庭での生活の体験とも深く結びついています。それぞれの家庭での生活様式が非常に多様化している今日，子どもたちの家庭での過ごし方や保護者の関わり方，育児の方針や価値観も実に様々です。

こうしたことをふまえると，保育にあたっては，保育所で過ごす時間だけでなく，24時間，１週間，１か月，１年という全体的なサイクルを通して，子どもの生活全般を理解して関わることが必要になります。日々の連絡帳や送迎時のコミュニケーションなど，家庭との密な連携のもと，子どもの生活リズムを大切にした保育が展開されることによって，遊びや保育者，他の子どもたちとの関わりが活発に行われることが，発達を支え促す上でも非常に重要なのです。

また，地域の自然に接したり他の子どもたちや幅広い世代の人々とふれあったりする機会を，保育所以外の場で子どもたちが日常的にもつことは，年々難しくなっています。「これはなに？」とさかんに尋ねたり，身近な人や生きものなど興味をもった存在になりきってその行動や身振り，言葉などをまねて遊んだりしている姿から，２歳児は自分を取り巻く様々な環境や他者を意識し，それらに対して強い興味・関心を抱いていることがわかります。保育所での遊びや活動を通して，季節を身体で感じる，同年齢や異年齢の子どもたちと一緒に過ごすといった経験をすることを大切にしたいものです。本書Ⅲ章・Ⅴ章を参考に，安全に十分配慮し，また子どもがそれぞれの発達や健康状態に応じて無理なく楽しめるよう工夫しながら，保育所内外の様々な資源を保育に活用しましょう。

3　ポイントその2　養護と教育が一体となった営み

(1)「養護」と「教育」の一体性

保育所保育指針では，特に発達過程の区分を設けることなく，第3章（保育の内容）に「養護」と「教育」それぞれに関して「ねらい及び内容」を示しています。養護は「生命の保持」と「情緒の安定」，また教育は「健康」，「人間関係」，「環境」，「言葉」，「表現」から構成されています。いうまでもなく，すべての保育の実践においてこの「養護」と「教育」は切り離せるものではありません。安全で安心できる環境だからこそ，子どもは「その子らしさ」を存分に発揮しながら，好奇心や豊かな感性をもって生活や遊びの中で周りの人やものと主体的に関わり，発達していくからです。また，領域もそれぞれが独立しているものではなく，相互に関連をもって成り立つものです。

保育者の専門性として「養護」とは何か，また「教育」とは何か，という視点を明確にもってみずからの日々の保育を把握し振り返ることは，非常に重要です。保育者のこの視点があってこそ，今この子に最もふさわしい関わりが可能となります。

「子どもの生命の保持及び情緒の安定を図るために保育士等が行う援助や関わり」である養護と，「子どもが健やかに成長し，その活動がより豊かに展開されるための発達の援助」である教育について，子ども一人ひとりの実態や内面を理解しながら，それぞれのねらいを的確に把握し，それらを具体的な内容として総合的に展開していくという一連の営みは，どの発達過程においても共通しています（図2－1）。

図2－1　保育指針の「保育のねらい及び内容」の考え方

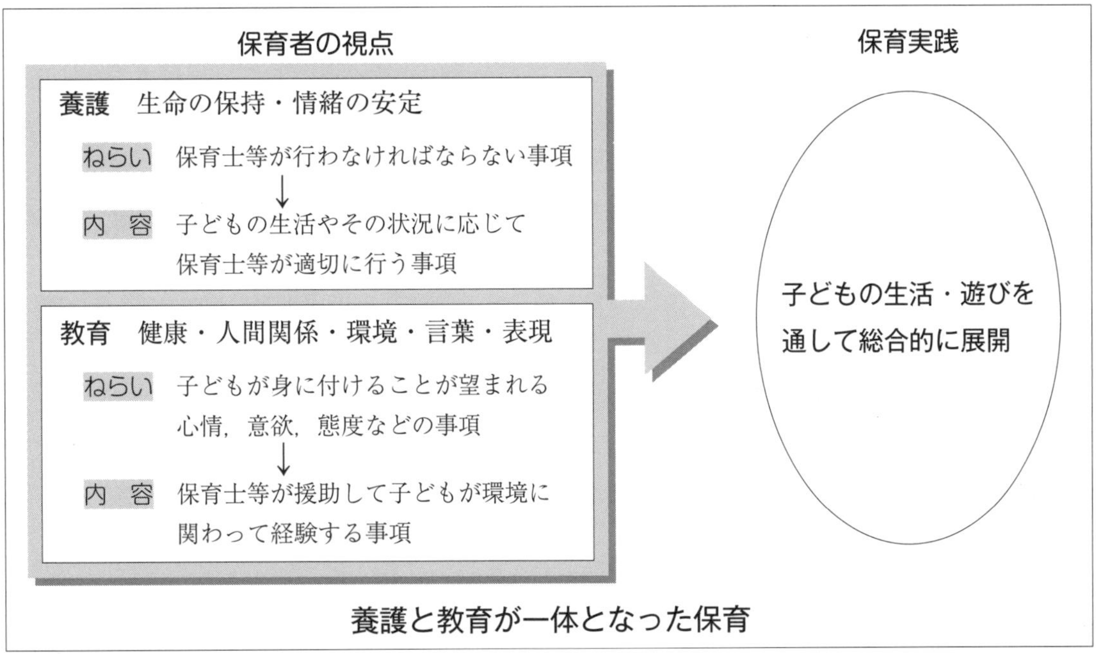

⑵　２歳児保育における「養護」と「教育」

「３歳未満の低年齢児にとって養護的な関わりが重要なことはわかるけれど，『教育』とは具体的にどのようにとらえればよいの？」と思う方もいるかもしれません。あるいは，「教育」の意味をいわゆる「早期教育」のようにとらえたりする保護者と出会うような機会も，少なからずあるのではないかと思います。

確かに０～２歳の低年齢児保育では，子どもの心身の機能がまだ未熟なため，３歳以上児と比較すると養護的な関わりが求められる場面がより多くあります。一方で，２歳児のイメージの世界の広がりや自我の育ちは，小学校以降の生活や学習の基盤となる「創造的な思考や主体的な生活態度」を幼児期に培っていく上で，さらにその土台となるものです。このことをふまえて，保育指針では「３歳未満児の保育に関わる配慮事項」として，子どもに対する保健的対応と合わせて，子どもが自分でしようとする気持ちを尊重することや自発的な活動を促していくことなどがあげられています。

⑶　３歳未満児の保育に関わる配慮事項

ア　特に感染症にかかりやすい時期であるので，体の状態，機嫌，食欲などの日常の状態の観察を十分に行うとともに，適切な判断に基づく保健的な対応を心がけること。

イ　食事，排泄（せつ），睡眠，衣類の着脱，身の回りを清潔にすることなど，生活に必要な基本的な習慣については，一人一人の状態に応じ，落ち着いた雰囲気の中で行うようにし，子どもが自分でしようとする気持ちを尊重すること。

ウ　探索活動が十分できるように，事故防止に努めながら活動しやすい環境を整え，全身を使う遊びなど様々な遊びを取り入れること。

エ　子どもの自我の育ちを見守り，その気持ちを受け止めるとともに，保育士等が仲立ちとなって，友達の気持ちや友達との関わり方を丁寧に伝えていくこと。

オ　情緒の安定を図りながら，子どもの自発的な活動を促していくこと。

カ　担当の保育士が替わる場合には，子どものそれまでの経験や発達過程に留意し，職員間で協力して対応すること。

第３章（保育の内容）の２「保育の実施上の配慮事項」

また，各領域の「内容」の中には，実際２歳児では難しい経験も含まれています。しかし，では２歳児の保育では教育的側面の要素は薄いのかというと，決してそうではありません。養護的な関わりの中にある子どもの発達への配慮は，教育としての意味もまた大きく含まれているのです。

ここで，第２章に示された乳幼児期の発達特性と発達過程の理解が重要となります。改めて，第３章の「教育に関わるねらい及び内容」に示された各領域冒頭の記述から，保育において子どもたちの内に何を養おうとしているのかを見てみましょう。

表２－２　保育指針に示された「教育に関わるねらい及び内容」の５領域

健　康	健康な心と体を育て，自ら健康で安全な生活をつくり出す力を養う。
人間関係	他の人々と親しみ，支え合って生活するために，自立心を育て，人と関わる力を養う。
環　境	周囲の様々な環境に好奇心や探究心を持って関わり，それらを生活に取り入れていこうとする力を養う。
言　葉	経験したことや考えたことなどを自分なりの言葉で表現し，相手の話す言葉を聞こうとする意欲や態度を育て，言葉に対する感覚や言葉で表現する力を養う。
表　現	感じたことや考えたことを自分なりに表現することを通して，豊かな感性や表現する力を養い，創造性を豊かにする。

ここに示された子どもの様々な力は，それぞれの発達過程で子どもがみずからの個性や能力と環境との相互作用を経験する中で，継続して育まれていきます。

保育者が子どもの視線，表情，動きから読み取る子どもの内面とそれに対する応答的な関わりの一つひとつが，養護であり教育であるという意識を持ちながら，２歳児との日々のふれあいを楽しみたいものです。

4　ポイントその３　一人ひとりの子どもが主体的に生きる手立て

(1)　子どもの主体性を尊重する保育

保育所保育指針の第１章（総則）では，「３　保育の原理」において，「子どもが現在を最も良く生き，望ましい未来をつくり出す力の基礎を培う」ために，６つの目標を掲げています。そして，これらの目標を達成するための「保育の方法」として，以下の事項をあげています。

(2)　**保育の方法**

ア　一人一人の子どもの状況や家庭及び地域社会での生活の実態を把握するとともに，子どもが安心感と信頼感を持って活動できるよう，子どもの主体としての思いや願いを受け止めること。

イ　子どもの生活リズムを大切にし，健康，安全で情緒の安定した生活ができる環境や，自己を十分に発揮できる環境を整えること。

ウ　子どもの発達について理解し，一人一人の発達過程に応じて保育すること。その際，子どもの個人差に十分配慮すること。

エ　子ども相互の関係作りや互いに尊重する心を大切にし，集団における活動を効果あるものにするよう援助すること。

オ　子どもが自発的，意欲的に関われるような環境を構成し，子どもの主体的な活動や子ども相互の関わりを大切にすること。特に，乳幼児期にふさわしい体験が得られるように，生活や遊びを通して総合的に保育すること。

カ　一人一人の保護者の状況やその意向を理解，受容し，それぞれの親子関係や家庭生活等に配慮しながら，様々な機会をとらえ，適切に援助すること。

第１章（総則）の３「保育の原理」より(2)「保育の方法」

＊下線は筆者による

「主体」という言葉は，子どもが保育者をはじめとする大人によって導かれるのではなく，子ども自身が感じ，考え，願い，何を行うかを決めて行うことを意味します。保育においてこうしたことが可能となるためには，子どもが「ここでは自分をはじめ一人ひとりが認められ受容されている」と感じられることが必要です。その上で保育者には，子どもの興味や関心を引き出し，「自分で○○してみたい」と思うような環境を構成することが求められています。

(2)　子ども同士の関わりの中で

これまでに述べてきたように，２歳児は本格的に集団での生活となる３歳児クラスへの移行を前に，基本的生活習慣の自立や自我の育ちが進む時期です。さらに遊びの主な相手も，大人から他の子どもへと変わっていきます。子ども同士でのやりとりが活発になり，一緒に楽しんだり喜びや発見を共有したりすることが増える一方で，当然ながらものの取り合いをはじめとする子ども同士の様々なぶつかりあいもしばしば生じます。「自分の」という意識が大きくふくらむがゆえに，大切な場所や人などを他者にとられてしまったと感じると，激しく怒ったり泣いたりして抵抗しようとします。時には，相手が泣き出すのを見て譲ろうとする姿も見られますが，多くの場合はまだ大人による仲立ちや援助が必要です。この時，保育者には双方の子どもの思いを十分の受けとめ，互いの思いを言葉にして伝えながら，子ども同士の関係を支えていく関わりが求められます。こうした関わりを丁寧に行っていくことによって，子どもたちも少しずつ順番や交替で遊ぶといった方法を身に付けていきます。

一人ひとりの子どもの意思を尊重しながら，友達と一緒に遊んだり生活を共にしたりすることの楽しさを子どもたちが自然に感じられるよう心がけましょう。保育者が，自分自身の思いを大切にすることと仲間の気持ちを受け止めることの大切さ，その両方を伝えて子どもたちの関係を育てていくことにより，自分らしさをのびのびと発揮しながら仲間と共に生きていくという，集団生活を営むために必要な力が培われていきます。

Ⅲ章 生活・遊びの広がりをしっかり理解しよう

健康

1 保護者と保育者の連携で子どもの様子の変化に早目に気づこう

子どもは成長していく過程で様々な病気を経験し免疫力をつけていきます。全く感染症に罹らないということは殆どありません。しかし子どもの近くにいる保護者や保育者が連携し子どもの様子の変化に早めに気づくことで，早めに対応することができ，症状が重くなるのを防いだり，集団での感染をできるだけ抑えていくことができます。一人ひとりのいつもの様子を把握し，いつもと違うと感じることがあった場合は保護者と保育者間で細かく伝え合うことが大切です。

2 こんな時どうする？ 2歳児に起きやすい病気と対処方法

咳

〈2歳10か月男児〉 家庭，保育園の両方で寝ている時と，起きた時に痰がからむような咳が出ていました。日中遊んでいる時に出ることはあまりありませんでしたが，症状は一週間ほど続きました。水分をこまめにとるようにしたり，寝ている時に咳が続く場合は，上体が少し高めになるように布団の高さを調整したりして様子を見ていました。朝方や午睡中に咳で目が覚めてしまうほど激しく咳き込むようになってきたため，小児科を受診したところ，喉が赤く軽い風邪の症状ということで咳止めを処方されました。薬を飲み始めるとすぐに症状は改善されました。

小児科医からのコメント：咳は幼児によくみられる症状です。この例に示されているように，最初は軽いものだったのが，睡眠中にも咳が出て目が覚めてしまうほどの咳になることもよくあります。小児科医を受診して，いわゆる咳止めが出て咳の症状は取れたという経験もよくあることと思います。ただ問題がいくつかあります。咳のもつ生理的な役割をよく理解する必要があることと，子どもの状態をよく観察することです。生理的な役割は，気道（空気の通り道）にある異物を吹き飛ばすのが目的の反射です。異物は吸い込んだ本来の異物もあれば，気道の炎症で出てくる粘液（痰になります）もあり，何れも振り払うべきものになります。また，のどや気管支が炎症を起こすと，些細な刺激も咳反射を起こすようになります。ようするに，なぜ起きている咳か，その程度はどれくらいなのかを総合的に考えて，その咳は止めるほうがよいのか，そうではなく水分を取るなどして和らげる策をとるべきかを考えるのがよいと思います。咳が出るから咳止めを飲ませる，という短絡的なやり方は控えるほうがよいでしょう。咳止めと称して出される薬は，多くの場合，咳の反射を鈍くする作用があるので，確かに咳そのものは少なくなります。でも，咳を引き起こす刺激そのものがなくなったわけではないので，咳を起こしていた原因の解決にはならないことがあります。また，咳止めといわれて処方されている薬には，複数の薬物を混ぜて処方されている場合があります。咳止めをもらったからもうよいというのではなくて，３日くらい経ったらまた小児科を受診するほうがよいでしょう。

嘔吐

〈3歳１か月男児〉 前日の夜に１回嘔吐しましたが，翌朝は嘔吐も発熱もないということで登園してきました。顔色が悪く，いつもよりも動きが少なく，食欲もありませんでした。帰宅後，家庭で好きな果物などを食べ，その後嘔吐し，熱が38度まで上がったとの連絡が入りました。受診した結果，感染性胃腸炎との診断を受け３日間欠席しました。

小児科医からのコメント：この場合は，この男児について保育上考えなければならないことに加えて，保育所として，感染対策をしっかりとしているかどうかの点検が必須です。感染性胃腸炎にはいろいろな病原体がありますが，特に注意が必要なものは，ロタウイルスとノロウイルスです。いずれも感染力が強いものです。特にノロウイルスは空気感染もありますので，保育者は感染症の感染経路という基礎的な知識を点検し，場合によっては，その園で行っている予防法の点検を保育者同士が行うこともよいでしょう。この男児の場合は，３日間の欠席後，再登園時にはすっかりよくなっていると判断されると思いますが，病原体であるウイルスは，まだ便中に残ったまま排泄されていることが多いので，排便時の手洗いと，介助をした場合には保育者自身の手洗いを厳重に行わなければなりません。

皮膚のケア

〈2歳10か月女児〉　Y児は乾燥肌のため家庭で朝と睡眠前に病院から処方された保湿クリームをつけていました。保育園でプールに入るようになると，プールから出た後，かゆがり，午睡時もかく様子がみられました。保護者の方と相談し，プール後はシャワーできれいに洗い流し，家庭から保湿クリームを預かり全身に塗るようにしたところ，かゆみもおさまりました。保湿クリームを預かる際には，保護者の方に園で使用している「お薬連絡票」に記入していただき，園のスタッフがY児の対応について共通理解できるように配慮しました。

小児科医からのコメント：先ず，このような適切な対処のやり方を実行されていると，軽度であってもアトピー性皮膚炎をもつ園児にとってありがたいことだと思います。保育所年齢の幼児に見られる疾患は，アレルギー疾患が多く，東京都における3歳児調査ではアトピー性皮膚炎は11.2%です（東京都平成26年度調査)。この数値は，平成21年度調査に比べると少し減少していますが，それでも1割を超えると言うことは見逃せません。さらに乾燥肌との診断であっても，軽いアトピー性皮膚炎であることが多く，乾燥がかゆみを呼び，かくことで皮膚炎が悪化するという負の循環に容易に陥りますから，保湿を充分にすることが必要です。保湿薬そのものは，回数制限などもなく気軽に使えますので，特にシャワーの後，塗ってあげる体制を作ることは，そのお子さんにとって幸いなことです。

表3－1　3歳児調査におけるアレルギー疾患の割合

	平成26年度		平成21年度	平成16年度	平成11年度
	人数	%	%	%	%
ぜん息	331	9.9	－	－	－
(再掲) 2回以上の呼吸器症状	287	8.5	9.3	10.5	7.9
食物アレルギー	563	16.7	14.4	8.5	7.1
アトピー性皮膚炎	376	11.2	15.8	15.3	16.6
アレルギー性鼻炎	301	9.0	11.1	9.2	6.1
アレルギー性結膜炎	159	4.8	4.8	4.5	4.6
じんましん	416	12.4	11.3	8.7	11.9
その他のアレルギー疾患	42	1.3	4.6	2.2	3.0
何らかのアレルギー疾患あり	1,338	39.3	38.8	36.7	36.8

東京都健康安全研究センター「アレルギー疾患に関する3歳児全都調査（平成26年度）報告書」より

流行性角結膜炎

〈3歳6か月女児〉　1週間ほど前から鼻水と咳がでていましたが，その間発熱はなく，通常通り登園していました。この日は登園した時に右の目がしらがやや赤く，朝起きた時に目やにが少しでていたとのことでした。午睡後も目やにが出たため，カット綿で目やにを拭き，感染性があることも考えビニール袋に入れて処理し，タオルなどが他児のものと接触しないようにしました。翌日37度台の微熱があり鼻水がひどいとのことで欠席の連絡が入りました。また次の日には目の赤みが左目にもみられ，目やにの量も増えているということで眼科を受診し，流行性角結膜炎との診断を受けたとの連絡が入りました。その後，3日ほどで咳や鼻水などの風邪の症状は治まったとのことでしたが，流行性角結膜炎は左右の目とも完治するまでに8日間ほどかかり，その間保育園を欠席しました。

小児科医からのコメント：流行性角結膜炎は，その名の通り流行する，すなわち感染が集団内で伝搬していく疾患の代表的なものの一つです。アデノウイルスによるもので，感染力が強いため，どのように対処するのか，園の中で統一しておくのがよいでしょう。感染の形式は接触感染で，この例のように，目やにを拭いたカット綿は個別のビニール袋に入れて汚染物として処理をすること，処置をした保育者は流水による手洗いをしっかりとする必要があります。園児が使用するタオルは間違ってほかの園児が使わないようにする工夫も，日頃より実施しておく必要がありましょう。先の感染性胃腸炎と同様に，感染した園児を経験した時には，改めて「保育所における感染症対策ガイドライン」を参照し，保育者間での読み合わせなどを行うとよいでしょう。

霰粒腫（さんりゅうしゅ）

〈3歳1か月男児〉　午睡明けS児の右目の瞼が少し腫れていました。かゆがる様子も赤くなっている様子もありませんでしたが，違和感があるようで時々手で触っていました。降園時保護者の方にそのことを伝えると，眼科を受診し霰粒腫（さんりゅうしゅ）との診断を受けました。1日3回の点眼を3週間続けました。園でも1回点眼する必要があったため園で使用している「お薬連絡票」に記入していただき，点眼を行いました。

小児科医からのコメント：霰粒腫はまぶたにある分泌腺のマイボーム腺の出口が詰まって腫れてくるものです。慢性に経過し，本来は細菌感染はないと考えられますが，初期には急性の炎症に対して抗菌薬が使われることもあります。いわゆるものもらい（麦粒腫）とは違い，痛くありませんが，しこりが気になってつい触ってしまい，そのために細菌感染をおこして結膜炎となってしまうことがあります。また同じマイボーム腺でも，細菌感染を起こしたものは内麦粒腫と呼ぶようです。眼科ではそのようなことも考えて，おそらく抗菌薬の点眼が処方されたのかと思います。眼科の先生としては，処方して終わりということでなく経過を追うことが重要と考えていると思いますので，指示通りに通院することを勧めてよいのではないかと思います。

中耳炎

〈2歳4か月男児〉 午睡明け熱が39.1度あり，ぐったりしていました。保護者の方に連絡を取りお迎えにきてもらいました。その際耳をよく触っていたことをお伝えしました。小児科を受診したところ，喉が赤いとのことで抗生剤を処方されたとのことでした。耳も診てもらいましたが，中耳炎ではないとのことでした。４日間熱が37度台後半から38度台後半をいったりきたりして，やはり耳を気にしている様子があったので耳鼻科を受診すると両耳中耳炎との診断でした。解熱後は通園し始めましたが，中耳炎が完治するまでには12日間かかりました。

小児科医からのコメント：中耳炎も幼児にはよくみられる疾患です。最初から耳が痛いとか，みみだれが出るというようなことではなく，普通の風邪症状で始まることが多いものです。ただ，この記載にありますように，耳を触るという行動が要注意です。小児科で耳も見てもらった時には鼓膜の炎症がはっきりとしていなくても，熱も続き，やはり耳を気にする状況で再度今度は耳鼻科を受診したということはよかったと思います。最初の先生がやぶであったのではなく，次第に中耳炎としてはっきりしてきたということでしょう。この例のように，発熱があって，耳をよく触るという場合は，医者の方も中耳炎のことを念頭に置いています。完治するまで12日間かかったとのことですが，途中で症状の訴えもなくなったからもういいやではなく，ちゃんと鼓膜の様子を見てもらって，完治のお墨付きをもらうのがよいでしょう。

3 毎朝のスタートは健康チェックから！ 朝の健康診断のポイントとアドバイス

子どもの体調の変化を早期に発見し，早めに対応するためには，日常最も子どもの近くで一緒に過ごしている保護者と保育者が密に連携をとっていくことが大切です。

毎朝，次のような点に配慮し，子どもの様子をチェックしましょう。

① 保護者に普段と変わりはないかを尋ねる。
　普段の状態と比べて気になることがあれば伝えてもらうようにする。
　例：いつもより食欲がない。
　　朝の体温が高めである。
　　便が軟らかい　など

② 表情，顔色，機嫌など普段との違いはないかを確認する。虫刺されや小さな傷など，前日に園から帰る時にはなかった傷などが見られたり，気になることがある時には言葉にして保護者に確認する。

③ 検温をする。体温は体調を把握するための一つの目安にもなるので，家庭で，もしくは保育園で保護者に検温をしてもらい，毎日規定の記入欄に記入してもらう。

④ 朝のうちに連絡帳に目を通し，前日降園後から朝登園するまでの生活を把握する。食事，便の様子，睡眠時間などの生活・体調全般を確認をする。

⑤ 早番，遅番などで保育者が変わる場合は，保護者や連絡帳から得た情報や子供の様子を，担任間で引き継ぐようにする。

4 成長の喜びを実感しよう！ 身体測定のポイントとアドバイス

(1) 身長・体重の測定方法

身長

① 身長計の上に立たせる。

② 身体を尺度棒に密着させ，あごをひき，眼と耳孔を結んだ線が水平になるように頭を固定し，両手は軽く自然に体側に垂らす。

③ 測定者は稼働水平桿を静かに下げる。

④ 稼働水平桿を子どもの頭頂部に軽く密着させて目盛りを読む。
　1㎜単位まで読み取る。

体重

衣類を脱がせ，体重計の上に立たせる。

(2) 測定時の配慮点

・毎月１回測定する。
・食後は避け，できるだけ毎回同じ時間帯に計測する。
・他児と比較するのではなく，体重・身長共にその子なりの発育曲線を描いているかを見る。
・寒い時期は室内を暖めるなど室温に配慮する。
・衣服を脱がせた時には，発疹・湿疹・かぶれなど，普段との違いはないか全身の皮膚の様子をよく見る。
・計測結果は保護者にも伝える。

5 気持ちのよい毎日が成長の秘訣！ 毎日の衣類や清潔のポイントとアドバイス

(1) 衣類・靴の選びかた

衣類を選ぶ時・着脱時

・子どもの成長，発達に合った動きやすいデザインや，保温性・吸湿性・通気性などに優れた素材の衣類を選ぶように心がける。
・季節や健康状態に合わせた衣類を選ぶ。１日の中で気温差がある季節は，薄手の衣服を重ねて着せると，保温性にも優れ，また状況に応じて調節しやすい。
・２歳児は衣類の着脱が自分でできるようになってくるので，保護者にもそのことを伝え，着脱のしやすい衣類を用意してもらうようにする。また自分で好みの衣類を選ぶようにもなるので，衣類が見やすく取り出しやすいようにしておいてもらう。

靴を選ぶ時

・靴底が柔らかくて足にフィットするもの。
・脱ぎ履きのしやすいもの（衣類同様に自分でできるようになるので，履いたり脱いだりのしやすいデザインのものを選ぶ）。
・靴を履かせる時，または週末などに，実際に触ってみて，サイズが合っているか，きつくなっていないかを確認する。

⑵ 清潔

手を洗う

・外遊びの後，食事の前，排泄の後などに手を洗うよう声をかけていく。
・大人が一緒に洗いながら，手本を見せていくようにする。
・「おててのばい菌さん，さよならしようね」「あわあわぶくぶく，気持ちいいね」など，手を洗うことが気持ちがいいと感じ，習慣になっていくよう声をかける。
・時間をかけて丁寧に洗えるよう，歌を歌うなどして工夫していく。

鼻汁をとる

・鼻汁が出ていたら，「お鼻きれいにしようね」と声をかけて優しく拭きとるようにする。
（頭の後ろを軽く押さえ，鼻を軽くつまむようにして拭き取る)。
・鼻を片方ずつ押さえてかめるよう「フンしようね」など声をかける。
・自分で気づいて鼻をかむことができるように，手の届く位置にティッシュペーパーとゴミ箱を用意しておく。

皮膚の清潔

・汗をかく季節は，シャワーを浴びるなどして汗を洗い流し，皮膚を清潔に保つようにする。
・乾燥する季節は，家庭と連携しながら保湿などのケアを行う。

爪切り

・爪が伸びていると不潔になりやすく，かいた時に傷になったり，友達のことを傷つけるなど危険が生じるので，こまめに確認する。
・保護者にも伝え，こまめに確認したり切ってもらうようにする。

安全

1　２歳児は行動範囲が広がり危険もいっぱい

歩いたり，走ったり，のぼったり，とびおりたりと自由に行きたい所へ行けるようになり，ますます興味や関心，行動範囲が広がっていきます。また，「自分で」「ひとりで」と何でも自分でやりたがったり，止められると「やだ」「だめ」と自己主張も強くなってきます。しかし自己中心的な時期でもあるので，危険に対して自分で十分に気をつけられるわけではありません。日頃から，「危ない」と必要以上に止められず，自由にのびのびと生活できる環境を整えて，子ども自身の「自分でやってみたい」という意欲を尊重したり，できたことで感じられる満足感や達成感を保障していくことが大切です。そして側で見守りながら，その都度気をつけることや力の加減などについて分かりやすく繰り返し丁寧に伝えていくことが必要です。

また，子どもによっては用心深い子もいれば，好奇心旺盛で何にでもチャレンジしていくなど，個性は様々です。一人ひとりの発達段階や個性を把握して，事故防止や安全対策について常に配慮していきましょう。

2　これだけは気をつけよう！　保育士のヒヤリ体験から学ぶ事故防止対応

実際のヒヤリ体験をもとに，事前に事故を防ぐための改善点を考えてみます。

転落　午睡の前，T男（２歳４か月）は電気を消そうと，椅子の上に布を貼った段ボール箱をひっくり返して重ねて踏み台にした。T男がのると段ボール箱の底が凹みバランスを崩して転倒して脇腹を打ってしまった。

事故防止の改善点→　子どもの様子を見て何をしようとしているかを予測する。
乗ると危ないものがあること，重ねて踏み台にすることは危ないことをT男に伝える。
T男の思いを大切にし，他の方法を一緒に考え提案する。

擦傷　園外の公園へ行くために前後と途中に保育者がついて歩いていた。公園の入口近くは緩やかな坂道になっており，公園が見えてくると「ついた！」と言ってA子（２歳10か月）が走り出した。下り坂で足が付いていかず，顔から転倒しおでこに擦り傷ができてしまった。

事故防止の改善点→　職員間で散歩のルートを把握し，どのような危険が生じる可能性があるか共通認識する。

坂道にさしかかる前に子どもに坂があること，走ると危ないことを伝える。「いち，に！いち，に！」など声をかけるなどして，楽しく，安全に歩ける工夫をする。

誤飲 食事中Ｓ男（３歳１か月）は，おひたしのインゲン豆を食べる時に鞘の中から豆を一つひとつ取り出して食べていた。そしてその１つを鼻の中へ入れてしまった。

事故防止の改善点→ 様々なことに興味をもち，いろいろ試してみる時期なので，食事のメニューが豆などの時には鼻や耳に入れてしまう可能性があるということを予測しながら食事の様子を見守る。
入れそうになった時には理由を説明して事前に止められるようにする。
食事の場面や遊びの場面で鼻や耳，口にものを入れるような場面が見られたら保育者で情報を共有し，気をつけてみていくようにする。

挟む おもちゃが入っている引き出しのところで，M子（３歳１か月）が引き出しに手をかけていることに気づかずに，Ｔ男（２歳６か月）が思い切りしめてしまい，M子は手をはさんでしまった。

事故防止の改善点→ 引き出しや扉に複数の子どもがいる場合には，相手の様子に気づかず開閉することでけがや事故が起こりやすいことを再認識し，近くで見守るようにし，危ない時にはすぐに手が出せるようにする。開閉時の力の加減を日頃から子どもに伝えていくようにする。

転倒 水道の下がぬれていて，手を洗いに行ったＹ男（３歳男児）が滑って転倒してしまった。

事故防止の改善点→ 手を洗った後は水しぶきが飛ぶなどして床やタイルがぬれている時があるので，手を洗う時は側で見守るようにしてぬれたらその都度拭くようにする。
床やタイルがぬれていると滑りやすいことを認識し，日頃から注意して見ることを職員間で再確認する。

3 いざという時にあわてないで！ 園の安全対策のポイント

子どもたちが日々安心してのびのびと過ごすことができるように，日頃から子ども一人ひとりの発達や個性を把握し，安全な環境を整え，園全体で事故防止や安全対策に取り組むことが大切です。

避難訓練

・火災, 地震, 不審者を想定して定期的に行う。散歩中・食事中・午睡中など様々な場面を具体的に想定して行う。同様に避難経路についても具体的に避難の様子を思い浮かべながら検討する。
・事故発生時の対応の訓練（救急車への連絡, 心肺蘇生法等）を行う。
いざという時に速やかに対応ができるよう, 心肺蘇生法や119番通報の手順や内容を書いたものを, 職員室の電話のそばなど見やすい場所に貼っておくなどの工夫をする。
・防災係を決め, 責任をもって防災関係の管理をする。

□緊急持ち出しバックの中身の確認
□緊急時の連絡方法についての確認
□個人の緊急連絡先の確認
□備蓄用食品の在庫・賞味期限の確認
□食物アレルギーの子に対しての備蓄用食品の確認
□救急用品（薬品類・器具類）の在庫・使用期限の確認

・年間避難訓練計画を立て, それに基づき行う。
・避難訓練記録をつけ, 職員間で改善点などについて話し合う。不安の強い子など, 子ども一人ひとりの様子についても把握し共通理解をする。
・不必要に子どもが不安や恐怖心を持たないようにする。保育者が冷静に落ち着いて行動することで子どもたちがどんな時も安心して避難できるよう心がける。

安全点検と対策

・安全チェックリスト（保育室, ホール, 園庭, 廊下, トイレなど）を作成し, 定期的に安全点検を行う。
・保育室, 園庭, 散歩コース, 近隣の公園など, 子どもの行動エリアについてヒヤリハットマップをつくり, どこでどんなけがや事故が起こりやすいかなど危険に対する見通しをもつ。
・実際にけがや事故につながらなくても, 危険をと思われる場所・もの・状況があった時にはすぐに改善し, 全職員で共通認識をもつようにする。
・子どもの成長や発達, 遊びに応じて危険がないかを確認しながら環境を整えていく。
・一人ひとりの子どものできるようになったこと, 興味や関心をもっていることを, クラス担任はもとより早番・遅番の保育士で共通理解していく。
・園と家庭で子どもの発達や危ないと感じたことを具体的に伝え合い, 家庭と連携して事故やけがを防いでいくようにする。
・事故やけがが起こった際に速やかに的確な対応ができるよう, 園内研修などをして応急処置の方法などを把握しておくようにする。
・園便りなどを通して, この時期に起こりやすい事故やけがについて具体的に伝え, 事故防止を啓発していく。

研修会参加

・保健に対する研修会に積極的に出かけ, 病気やけが, 事故への対応, 応急処置などの新しい情報を学ぶようにする。研修会で得た情報は園に報告し, 職員で共通認識していくようにする。

Ⅳ章 2歳児がすくすく成長する生活づくりのポイント

２歳児の発達特徴として運動機能や言語・社会性の発達はめざましく，幼児期へと飛躍を遂げつつあります。身近な人との関わりでは他者の意図も読み取り，自己の意図を伝えることもできるようになってきます。ある程度自分でできることが増え，何でも自分でしようとします。しかし，まだ幼さや頼りなさも残り，個人差が大きい時期です。「自分で」と自立の欲求は強くなるのですが思い通りにならないことも多く，すねる，癇癪を起こすなどの姿となって表れます。トラブルでは相手の気持ちに配慮することもできるようになりつつありますが，必死に自己の意図を貫徹しようと頑張る姿もみられます。食事や睡眠のリズムも整い，皆で食べる，一緒に寝ることができるようになってきますが気分や環境に左右されること多く，自立と依存の中を行きつ戻りつしています。“ゆらぎながらこだわる”時代を生きています。この章では発達特徴をもっている２歳児のめざましい成長への保育者の対応について考えていきます。

食事

歩く，走る，跳ぶなどの基本的な運動機能の発達に伴い，日常動作も次第になめらかになってきます。手指や指先を使う遊びにも興味が出て，ひも通しやビーズなどでじっくり遊ぶようになってきます。手指をコントロールする力も付いてきます。この時期は「自分でしたい」という気持ちが旺盛で，この「自分で」という思いが子どもの発達を促しています。

大人の手を振り払って自分で行動しようとする「自立への欲求」は旺盛になっていくのですが，その欲求を充足する手立てはまだ未熟ですから，子どもは生活の中で様々な葛藤を抱えることになってきます。依存と自立を行きつ戻りつしていると言えます。大人への依存は「甘え」となって表れます。その「甘え」を十分に受け入れてもらい，励まされ，充実感や達成感を味わいながら自立に向かっていきます。

この時期になると，乳歯がほとんど生えそろい，噛み切ることもできるようになり，食べられる食材も多くなります。一方で，味の違いがわかってくるので，好き嫌いが目立ってきます。食べられるのに食べたくないという子どもの姿が見られるようになってきます。食べる場所や用具や手順にこだわったりするようになってくるので，保育者の関わりも日々工夫が必要になってきます。

1 楽しく食べればおいしく食べられる！ 食事の環境づくりのポイント

一斉に「いただきます」をしても，月齢による発達差や個人差もあり，終わる時間はまちまちです。食べ終わった子どもから「ごちそうさま」をして，歯みがきや排泄，着替えなどに移れるようにしたいものです。しかし，それが同じ空間であれば，食べることに集中できなくなってしまうこともあります。食事の空間の雰囲気はとても大切です。食べることに集中できるように工夫をしたいものです。

事例1 食事空間の工夫　可動式仕切りの工夫　2歳児

0，1，2歳児の保育室は2階南側にある。その中の一つが2歳児の保育室である。日当たりがよくベランダもあり解放感あるこの広い保育室が，子どもたちが遊び，食べ，眠る生活の場である。

食事の時間になると，可動式の引き戸によって仕切られ食事と睡眠の場に区分けされる。可動式の引き戸が出されると，こじんまりとした食事スペースと落ち着いた睡眠の二つの場になる。食事のスペースはまぶしさも遮られ，落ち着いた雰囲気になる。

可動式引き戸は，高さ90㎝ほどで，子どもがイスに座ると頭が隠れる高さである。すでに昼食を食べ始めている子どももいるが，まだ，食事準備が整っていない子どももいて，睡眠スペースで片づけをしたり，排泄後の身支度をしたりしていた。双方に保育者がいるので，「早く」や「急いで」などとせかされず準備をすることができる。食事空間はこじんまりしているので落ち着いて食べることができ，加えて，保育者と子どもは密接に関わりやすい。睡眠の場にはまだ布団は敷かず，食べ終わった子どもが歯みがきをして，その後絵本を読んだり，ごっこ遊びができるようになっていた。このように食事がすんだ子どもから隣の睡眠のスペースに移動し歯みがきをするので，食事中の子どもは他児の動きに刺激を受けず，じっくりと食事をすることができた。水場は混雑することもなく，保育者は歯みがきの援助を丁寧にできた。

保育室を一日の生活の流れに応じてほんの少し工夫するだけで，ゆっくり食べる，じっくり遊ぶ，ぐっすり眠れる空間になることが本事例からわかります。2歳になると，みんなで一緒に「いただきます」もできるようになってくるのですが，一斉にできる時ばかりではありません。その時の気分や遊びによっては，食事に気持ちを切り替えにくい日もあるのです。せかされず穏やかに食事に向うことは，おいしく食べることにつながります。

保育所では，同じ生活空間で多くの子どもが生活していることから，生活の節目節目で，子どもをせかしたりしなければならないことがあります。本事例のように，可動式の衝立や間仕切りなどを使うことによって，ゆったりした食事ができるようになるのです。加えて，保育者にとっても食事援助のしやすさにつながってきます。

存分に遊び，お腹がすいたとき食べる。食事はおいしく，ゆったり食べれば楽しい食事となる。楽しく食べる，おいしく食べることが乳児期の食事の目指すところです。

2 いつもの場所，いつもの手順で！ 食習慣の基礎づくり

食べさせてもらう，手伝ってもらいながら食べる，一人で食べるという経過をたどりながら，食習慣を身に付けてきました。食べさせてもらう時期であれば，特定の人の適切な食事援助の積み重ねがあってこそ，子どもなりに見通しをもち，食事の習慣が身に付きやすくなるのです。２歳児なると自分でできることも増えてくるので，子どもに任せてみることも大切です。保育者の手伝いを喜んだり，当番になるのを楽しみに待つ子どももいます。食事の準備をしたり，保育者の手伝いをしながら食べることへの期待をふくらませていきます。子どもなりにその手順を覚えていますので，手順や方法の一貫性が重要です。それは子どもが食習慣を身に付けることにつながります。

事例２ 食べやすさこそおいしさを味わう鍵　２歳児

存分に遊んだあと，食事の準備が始まった。石鹸をつけて流水で手洗いをし，それぞれのテーブルに座った。しかし，保育者が配膳の準備をしている間に子どもたちはブロックを再び持ってきたり，友達とふざけあったりして遊びの気分は続いていた。頭をかいたり，鼻をかんだりなど，配膳が整う頃にはいろいろなものに触れてしまっていた。そこで保育者は再度，「はい，おててをどうぞ」と言い，子どもたちの手に消毒液をシュッシュッひと吹きした。子どもたちは両手を合わせこすりなおした。これできれいになった

保育者は今日の献立について説明をした。献立表に主に使われている食材が示されていて，そこには“畑のじゃがいも・なす・ピーマン・ミニトマト”と保育所の畑で収穫したものが使われていた。保育者は年上の子どもたちが作ったと話し，それがテーブルの上のおいしそうな野菜炒めやスープになっていることを説明していた。子どもたちは保育者の説明とテーブルの上の野菜炒めを交互に見つめていた。

この保育所では畑作りを食育の一環と位置付け，毎日，献立と食材の説明が続けらていた。プチトマトの収穫，トウモロコシの皮をむくなど年上の子どもの姿をたびたび見ているので，一連のこととイメージできるようだ。

今日の献立の説明

収穫した野菜の味は格別！

献立や味付けの工夫はおいしく食べることの要素の一つですが，お腹がすいていること，食欲をそそる盛り付けなども大切です。加えて，食べやすい調理形態であること，使いやすい道具を使うことも，おいしく食べるためには必要な要素です。事例２では次の二つのことが考えられます。

一つ目は手の殺菌消毒に関してです。まだ器用にスプーンや箸を使いこなせない発達であることから，小さく刻まれた食材や長いものはなかなか食べにくく，手で食べることもあります。食べ始めは用具を使っていても，食べたい気持ちの方が先行して，ついつかみ食べになることも少なくありません。このような発達過程を考えると，事例２のような直前の殺菌消毒は有効な手立てであるといえます。

もう一つは，味覚に関してです。味覚の形成は３歳までと言われているほど，味の違いに敏感な時期にあります。初めての食感や新しい味との出会いは，不思議の世界の扉を開いたようなもので，戸惑いがあるに違いありません。この味は何の味なのか，それはなんというものなのか，どのようなプロセスでここにあるのか，どんな思いで作られているのかを知ることは，未知の世界への挑戦の踏切台のようなものです。子どもなりに理解し，関心をもって食べることは，安心して食べることにつながります。

おいしく食べることは，嗜好や味だけでなく，保育者の関わりによって左右されるものといえます。

事例３　盛り付けのお手伝い　　２歳児

テーブルがセッティングされ，当番の子ども二人は三角巾をかぶせてもらい，エプロンをした。保育者が炊飯器・味噌汁鍋・煮魚・サラダ・果物などを載せたワゴンを押してきた。炊飯器のふたが開けられるとご飯のにおいが保育室中に漂ってきた。

トレーを持った子どもたちは，保育者の前に行き茶碗にご飯をよそってもらった。保育者は「いっぱい食べる？　中位？」と一人ひとり聞きながら盛り付けていた。次は魚とサラダである。「今日のお魚は骨があるからね，とって食べようね」「かぼちゃのサラダだよ」と説明しながら盛り付けていた。子ども達は自分の皿に盛り付けられるとニコッとした。そして，箸をトレーに載せ自分の席についた。

最後は保育者がみそ汁を盛り付け，一人ひとりの席に持っていき「どうぞ，召し上がれ」と言いがら渡した。当番の子どもの一人がみかんの入った容器を持ち，一人はその中からみかんを取出し「どうぞ」と一人ひとりに渡して回った。全員に配り終わった後「いただきます」をしてみんなで食べ始めた。

左側はご飯，右側はみそ汁，奥の方が魚とサラダ，そして果物と，どのトレーも同じ配膳になっていた。

低年齢児の食事は，家庭で食べるように，温かいものは温かいうちにおいしく食べてほしいとの願いがあります。その手立てとして，炊飯器からご飯をよそい，温かい魚を盛り付けるようにしているのです。おいしそうなご飯のにおいが保育室に漂うと，子どもたちは引き寄せられるようにトレーを持って並びます。盛り付けられると，こぼさないように全神経を集中して自分の席までたどり着きます。ふざけたりはしゃいだりすれば，こぼれて食べられなくなってしまうので真剣です。

海辺のこの保育所では，地産地消を念頭に置いて給食づくりをしていました。骨付き魚を使うことがあり，子どもが骨をとって食べられるように，調理の際には魚の切り方や煮込み方に工夫をしています。

２歳児クラスの11月頃の食事の準備の様子です。トレーの持ち方，食器や箸の置き方，移動の仕方など手順や方法を，一つひとつ丁寧に伝え，繰り返しつみ重ねてようやく身に付いてきたのです。汁物は熱いし，こぼすことも考え保育者が盛り付けていました。

当番も身支度を整えその役割を果たすことで，できることは自分の手で行うということを体験しています。順番に回ってくる日を楽しみに待つ子どももいます。有能感にあふれている子どもたちですから，誇らしげな気分を味わえる機会でもあるのです。失敗することもありますが，その経験を通して学んでいくのです。

本事例では，盛り付け場面において一人ひとりの子どもとのやりとりがなされています。このやりとりが食事への期待をふくらませています。楽しくおいしく食べることにつながります。

食前食後の準備や手順は保育所によって異なりますが，いつもの保育者と，同じ手順で繰り返すことによって食習慣が身に付けやすくなります。

3 日々細やかに！ 保育者と調理担当者の連携

離乳期は，調理担当者や看護師と緊密に連携を取り合って離乳を進めます。その後，幼児食になっても，子どもの体調に合わせた調理形態にしたり，アレルギー食の子どもの食事作りを考えるなど，日々細やかなやり取りが必要です。

保育所の様々な行事は，給食と密接に関わっています。誕生会・遠足・クリスマス会など，様々な行事は，調理担当者との連携があってこそ充実したものとなってきます。

事例４ もうすぐリンゴ狩り「しましまシャツを着たりんご」 ２歳児

今日のデザートはリンゴ。子どもたちは「皮付いてる」とびっくりした様子。保育者は「本当だ，しましまシャツを着ているね。ご飯を食べたら食べようね」と言った。子どもたちはしましまシャツを着たリンゴが気が気でないようで，ちらちら見ながら食事をしていた。

食事の前に，一週間後のリンゴ狩りに向けてリンゴのお話の絵本を読んでもらっていたので，そのリンゴとイメージが重なっているのか，目の前のリンゴへの関心は特別である。
リンゴを持ちじっと見ている子，皮のないところからかじる子，皮をかじったが「固い」と言って柔らかい方から食べる子，皮をかぶりとかじる子と様々である。調理担当者が「どう，食べられたかしら」と子どもたちの様子を見に保育室に来た。「皮も食べた」「固かったけど美味しかった」と調理担当者に言っていた。満足そうな顔をしていた。

リンゴ狩りに向けてリンゴの絵本の読み聞かせ

皮付きリンゴにチャレンジ！

この保育所では，一週間後に“リンゴ狩り遠足”があり，その遠足では，リンゴ丸かじり体験をする予定です。これまでは，皮をむいたリンゴしか食べていなかった子どもたちです。遠足で皮付きのリンゴに驚くのではないだろうか，リンゴに歯が立つだろうか，などと話し合っていたのです。

皮付きリンゴを食べるのは子どもたちにとって新たなチャレンジでもあったのです。そこで，調理担当者はリンゴの皮を残して出すことにしたのです。保育者はそのリンゴを「しましまシャツを着ている」と表現したことにより，子どもたちの関心はぐっと高まりました。

皮のないところをかじって「こっちは柔らかい」と気づき，皮に歯を立ててパリッとかじって新たなリンゴの感触を味わいました。リンゴ狩り遠足がぐっと身近に感じるようになったに違いありません。

4 汚れても大丈夫！ 気持ちよく食べるための配慮

２歳児になると，顔拭き，手拭きなどもひとりでできるようになってきます。こぼしたものを指先でつまんで拾ったり，手や顔が汚れたら拭きながら食べることもできるようになってきます。子どもの手の届くところに使いやすいものを置いておくことも，食事場面での清潔を保つ意味において大切なことです。

事例5　おしぼりはいつ，どのように使う　2歳児

今日の献立は，納豆ごはん，煮魚，味噌汁，そしてデザートはいちごである。納豆ごはんなので，箸だけでなくスプーンも準備されていた。はじめのうちは箸を使っていたが，スプーン分の方が食べやすいと気づき，スプーンで納豆ごはんを食べていた。しかし，ご飯が少なくなると，なかなかスプーンにのせにくいのか，左の手を使って手づかみ食べていた。魚も手づかみ食べをしていた。いちごも納豆味になっていた。こぼし紙として目の前におかれてあるざらちり紙で手を拭いたので，手に紙がベタベタと付いてしまった。温かいおしぼりが渡され，口や手を拭き，残りのいちごを食べることができた。

温めておいたおしぼりは，食事か終わるのを見計らってタイミングよく出すようにしていたが，この日の場合は，手がベタベタになった時がそのタイミングであったようで，少しだけずれてしまったと保育者は感じて，おしぼりをもう少し早く使えれば，納豆の味のする魚や魚の匂いのするいちごは食べなくでもすんだろうし，それぞれの旨みを味わえたのかもしれないと反省をした。

個人持ちのおしぼりは汚れたまま持ち帰ることから，不衛生でもあるし，保護者の手間もかかることから，保育所のおしぼりを使うよう切り替えたばかりだったのです。洗濯，乾燥も保育所で行い，温かいおしぼりで顔や手を拭けるように保温庫であたためておき，子どもの食事の進み具合に合わせて出すようにしたのです。食事前にお湯で絞っておくと冷たくなってしまことからの工夫だったのです。

しかし，新たな問題が生じてきました。同じ色のタオルなのでどれを使ったらよいのか区別がつかないので，引っ張り合ったり，一枚で何人も拭いたりしてしまうのです。目印が必要だと気づきました。

事例のような場合もあるので，子どもが自分のおしぼりであると見分けがつくようにしておくこと，加えて，必要に応じて使えるようにすることも大切です。

5　好き嫌いも成長してこそ！　食育を意識した楽しい食事の時間づくり

(1)　味の違いがわかるからこそ

２歳児になると「食べない・嫌い」「おいしくない」ということが多くなってきます。味の違いがわかるようになってきたこと，自分で何をどのように食べたいのか，自己主張するようになって，何とか食べないでいようと様々な理由をつけます。「固いから食べられない」「辛いからいやだ」「おいしくないもの」とがんばり続けます。自立に向かっている子どもの成長の姿ですが「少しだけ食べてみようか」と，とりなしながら，新しい味に慣れていけるようにと誘いか

けます。

事例６　やっぱり食べられない　　A子（２歳４か月）

A子は野菜全般を食べない。園で出る食事は，全く食べない時もある。野菜を口に入れただけで「うえっ」となってしまうこともある。今日は添え野菜にブロッコリーが出てきた。見ただけで眉をしかめるので，「へらそうか？」と聞くと，大きくうなづきほんの少しにする。そして好きな焼き魚だけ食べてじっとしている。それに気づいた保育士が「Aちゃんどうした？　お野菜は食べないの？」と言うと，眉をしかめてうなずく。保育士はA子の隣に座り，「そうか。ブロッコリー食べたくないんだね。もっとちっちゃく赤ちゃんにして食べてみる？」と聞くと，泣きそうな顔になっていやいやと首を横にふる。保育士は「わかった，じゃあ今日はやめておこう。今度の時は少し食べてみてね」と言ってA子と目を合わせるとうんとうなづいて，ごちそうさまをした。

事例７　せんせー見ててね！　　B子（２歳10か月）

今日はスープの中に，B子の嫌いな人参が入っていた。それを知っていた保育士はB子のスープの中には少量しか人参が入れず，目立たないようにしておいた。いつものように食事をしていたら，「せんせー，見ててね」と言って，B子は人参をひとつ食べた。保育士は「すごーい！　人参さん，食べられるようになったんだね。すごい，すごい！　これでさらに元気モリモリだね」とほめると，B子は「だってりす組だもん！」と得意気に答える。

何でも食べられることは健康でバランスのよい身体つくりになるのですが，食べられないものがあっても仕方がないのではないでしょうか。子どもの周りには，これまで味わったことのない味がたくさんあります。日々，味わったことのない味に出会って，不思議な体験をたくさんしているのです。未知の味に触れることは，勇気のいることですし，戸惑いもあることなのです。事例６のA子のように「うえっ」となったりする時は，だんだん食べられるようになっていくのを待つ姿勢や，事例７のB子のように，嫌いな人参をほんの少しにしておくことも大切です。「せんせい見てて」と食べられた時，保育者の喜ぶ姿に子どもは支えられ，食べられるようになっていくのです。

栄養補給やマナーを優先し「好き嫌いなく」「残さないで」と言う指示的な言葉が多くならないようにしたいものです。食事を楽しみに待つことができて新しい味を取り込み，なじみの味になると言えます。保育者に見守られながら味の世界をひろげていくのです。

⑵　よく噛んで食べる

事例８　味噌汁はデザート？　２歳児

今日の献立は，ご飯，味噌汁，八宝菜，果物である。それぞれが器に盛りつけられ，運ばれてきた。保育士は，子どもの前にご飯と八宝菜を並べた。「いただきます」と食べ始めた。味噌汁は，保育室の窓際のテーブルのお盆の上におかれたままである。ご飯と八宝菜はほとんど食べ終わったころを見計らって味噌汁が渡された。待ってましたとばかりごくごくと美味しそうに味噌汁を飲んだ。そしてデザートが渡された。

１歳児の発達過程に，好きなものから食べる時期があります。配膳をしていると，子どもたちはデザートを見つけ，いち早く食べたがったりします。しかし，２歳児になると「これはデザートね」と言うと，最後に食べるということが次第に理解できてきます。汁物を最初から配膳しないという光景はよく見かけます。様々な理由があるようですが，汁物があると最初に飲んでしまい，ご飯やおかずを残してしまう，あるいは咀嚼しないですぐに飲み込んでしまうので，顎や歯の発達に支障をきたす，汁物はこぼしやすく，落ち着いて食事ができなくなってしまうなどがあるようです。

汁物があると飲み込みやすくなるのは確かですが，咀嚼しなくなるほど極端にならないよう援助をして，ご飯，おかず，汁物を交互に食べられるようにしたいものです。こぼしてしまうという場面もありますが，その経験を通して，汁物の扱い方を身に付けていくと考えられます。こぼしてしまうことも考え，おまけなども準備しておけば，食べられなかった，飲めなかったということもなくてすみます。

ご飯と汁物やおかずを交互に食べながら味の違いに気づいていくことや，食べ方を身に付けていくことも必要です。三角食べは，ある日突然できるようになるわけではなく，目の前にある品々を見ながら，次はどれを食べようかなと考えることから始まるのではないでしょうか。大切なことは，好きなものを選んで食べるというワクワク感を大切にするということです。おいしく楽しく食べるとことが食育につながっていくと言えるのです。

２歳になれば，子どもなりに何をどう食べようかと考えるようになってきます。家庭であれば，冷蔵庫の中に何が入っているかも知るようになり，食べたいものを選ぶようになってきます。おやつも「おせんべいがいい」とか「イチゴを食べたい」と主張するようになってきます。

しかし，保育所においてはそれができにくいのです。食事の時間は，これを食べたいという主張が可能な場面であるといえます。そのような時こそ保育者とやり取りができる大切なひと時であるとするならば，「こんなおいしいものがあるのよ」とワクワクする思いの経験こそが，食事を楽しみに待つ子を育てることにつながるのではないかと考えます。

排泄

1　心の発達，身体の発達　子どもの育ちから考えた排泄の自立

(1)　身の回りのことも「自分でやりたい」

0歳から1，2歳児への育ちの過程を大まかに示したものが図4－1です。1，2歳児の生活は，子どもの「自立への欲求（自分でやりたがる）」を基本にして組み立てられることになります。この時期の子どもの興味・関心は，みずから歩いていける範囲でみずからの五感を使って操作できるものやことに集中します。手足がある程度自由になった2歳児では，身の回りのこと（主に衣類の着脱や排泄，清潔など）に向かいます。食事や睡眠などは，1歳児の生活を通して，ある程度自分でできるようになります。

2歳時代は，1歳時代の生活を通して，ある程度の身体の自由を獲得しています。つまり，できることが増えてきて，それなりの自信も出てきます。また，自己の獲得へ向けて，自分自身へも注意が集中してきますから，「自分で」「○○ちゃんが……」と自分でやりたがります。この子どもの「自分でやりたい」という気持ちを尊重しながら，遊びや生活を通して，人との関係や基本的生活習慣などを獲得発展させていくことになります。

ここでは，排泄の自立を通して子どもの育ちを考えていきましょう。

図4－1　0歳～1，2歳児への発達の過程

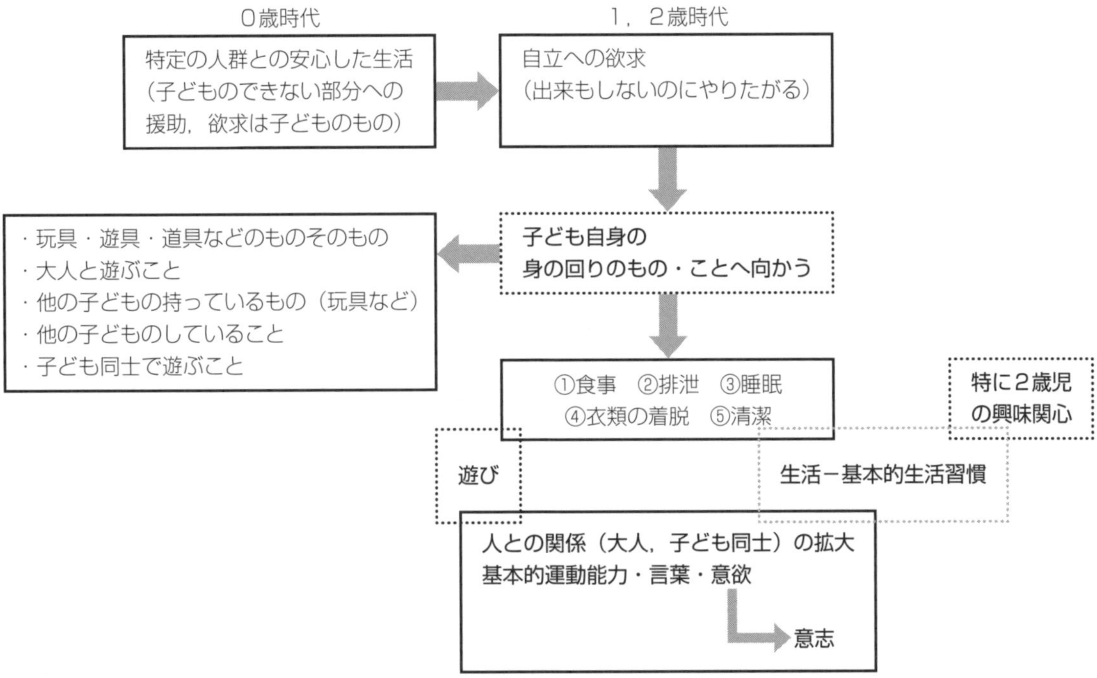

⑵　必要に応じて筋肉をコントロールできるように

排泄の自立に関する一連の行動は，図４－２のようになります。

図４－２　排泄行動の環

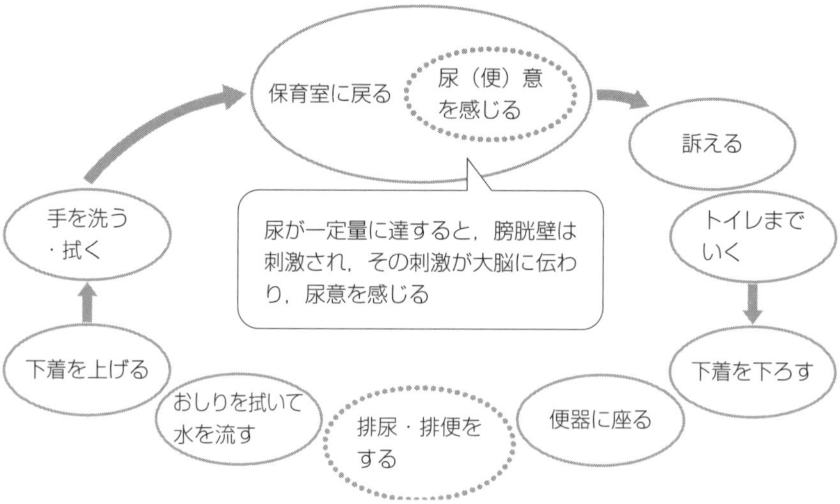

図４－２からもわかるように，排泄の自立は，衣類の着脱と清潔に関する習慣の自立と並行して行われることになります。また，排泄の自立への働きかけは，大脳の働きも関連しています。

排泄の自立は，ただ行動として「おもらしをしない」「トイレで用が足せる」だけではなく，生活の必要に応じて，子どもみずから膀胱の括約筋や（外）尿道の括約筋を，ある程度自由にコントロールできることです。つまり，我慢しなければならない時は，膀胱や尿道の括約筋（図４－３参照）を緊張させ，尿を出さないようにし，便器に座ったらこれらの括約筋を弛緩させて尿を出すことが場に応じて可能になることを言います。排泄の自立へ向けての働きかけは，自律神経機能（交換神経と副交感神経から成り立ち，生活場面の必要に応じてどちらかの機能が優位に働きます）の発達を促すことにもあります。

図４－３　排尿器官（膀胱を中心に）

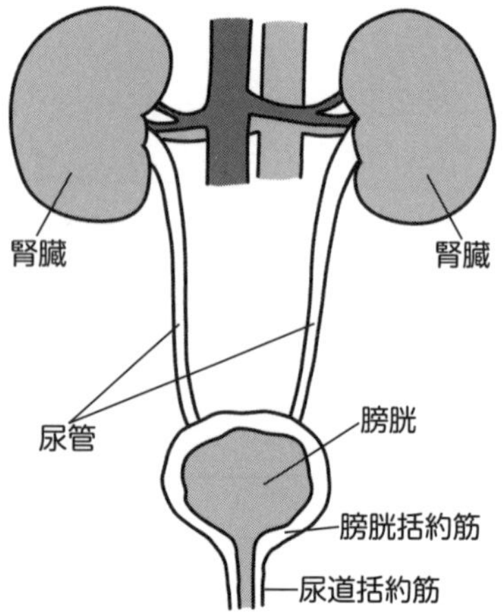

2　一人ひとりに応じよう！　スムーズなパンツへの移行のアドバイス

⑴　排泄の自立への働きかけ

１歳児クラスの生活リズムを引き続き継続し，２歳児クラスでも安心して生活できるように保育者が配慮しています。１歳児クラスから，遊び―食事―午睡―おやつ―遊び……という生活リズムや手順をある程度変えずに繰り返し，保育者も一緒に取りくんできました。安心できる大人に見守られて「自分でやってみたい」「自分でできた」という体験を積んでいきます。

生活リズムが安定し，着脱など，子ども自身ができることが増えていく中で，生活の部分がますます意欲的に行動できるようになります。子どもがみずから見通しをもって生活できるようになっていきます。４～５月，進級・入園を経験し落ち着いてきた頃，２歳児担当の保育士との信頼関係も確立し，情緒も安定していきます。この頃を目安に，子ども一人ひとりの状況に応じてパンツへの移行へと働きかけをします。

(2) パンツへの移行の目安

パンツへの移行時期は，子どもの様々な状況を把握しながら見極めましょう。

① 膀胱の機能が発達し，排尿間隔が１～２時間になりおむつがぬれていないことが多くなります。これは，おしっこをためることができる・おしっこを出そうとする，トイレまで我慢しようとするなど，ある程度自分の意志でコントロールできるようになることが開始したサインです。

② ２歳児の生活や環境に慣れることが，安心してトイレに行けること，排尿することができるようになっているということにつながります。

③ 情緒が安定してきたら，大人（保育者）の誘いでトイレへ行く（トイレで排尿する）意欲が出てきているということです。

④ 保護者と相談するなど家庭との連携を取りながら，一緒にパンツへの移行時期を進めていきます。

⑤ 子ども自身が「パンツになりたい」「パンツを履きたい」などの意志が出てきていることを大切にします。

(3) パンツに移行した子どもへの配慮

パンツへの移行期に入った子どもについては，以下の取り組みや配慮を行うようにしています。

① 子どもがトイレに行きたい時に，すぐにトイレに行ける環境をつくっておきます。例えば，長時間の散歩に行かないで，園庭や室内遊びを充実させて様子をみたり，トイレのある公園を選びます。公園での遊びにおいても，トイレで排尿ができるように配慮します。

② 排尿したい時の子どもの仕草や特性など，サインを見逃さずにトイレに誘います。

③ 一日の流れの中で，活動と活動の間などでトイレに誘います。例えば，「散歩に行くからトイレに行こうね」など保育者から声かけや誘いかけをすることで，これからの活動に見通しがもて，そしてその活動を楽しみにできるようにして，子どもが気持ちよくトイレに行けるようにします。子どもがトイレに行くことばかりを気にして，活動を十分に楽しめないことのないように，大人の声かけの工夫や配慮も必要です。

④ 保育園と家庭と両方で進行状況を情報交換して連携を図りながら，慎重に進めていくこと

を大切にします。

(4) パンツへの移行のタイミング

排泄の自立に向けて，大人（保育者）たちが声をかけることが多くなると思います。しかし，子どもには子どものタイミングがあり，一人ひとり違うことを意識することが大切になります。毎日の生活の中で，失敗しないようにと，トイレのことばかりが優先されていると，子どもは「いや」「おしっこナイ」「行かない」などと拒否をするようになります。また，遊びに集中している時は，誘うタイミングではありません。子どもが一つの遊びから，次の遊びに移るタイミングを保育者は見て，声をかけるようにしていきます。一人ひとりの子どもの必要なタイミングで声をかけ，必要以上にトイレに執着しすぎないように注意します。

また，排泄の自立を進める時期の見極めも，大切になってきます。

① まだ身体の排尿機能（ある程度の量を膀胱に溜めておけるようになるなどの生理的な発達）が育っていないのに，トイレに行くように促してはいないか。
② パンツを履きたがっていたり，自分でトイレに行ったり排尿できることを喜んだりなど，気持ちがそこに向かっているか。
③ 保育園だけではなく，家庭との連携も不可欠（生活の流れの中での排泄を意識する）であるため，保護者の生活や思いはどうか。

次に，排泄の自立に関しての大人の配慮としては，以下の点が挙げられます。

① 排泄の感覚を子ども自身がつかんでいるかの確認をする。
② 遊びに集中している時にも，トイレのことで声をかけていないか確認をする（声かけのタイミングは合っているか）。
③ 大人が排泄を意識しすぎるのではなく，子どもの意志表示を信じて待つようにする（子どもの気持ちを大切にして，充実して過ごせているのかという視点をもっているか）。
④ 自分でトイレに行けるように配慮する。

3 失敗も成長の過程！ トイレ失敗時の対応

パンツを履いたままでおしっこをしてしまう失敗の中でも，子どもたちは様々な育ちの姿があります。図４－２でいうと，「尿（便）意を感じること」と「尿が出る感覚」と「尿が出てしまった感覚」をしっかりと分化させることです。最初はあいまいな感覚，そして，なんか様子が変という感覚，それから「おしっこがしたい」「おしっこが出た」という感覚，これらを分化させていきましょう。みずからの感覚の体験を通して分化するためには，失敗を繰り返す中で，保育者の「おしっこ出ちゃったね」や「我慢できたね」などの言葉を添えた対応が必要です。この感覚が分化すると，「おしっこ出ちゃった」と大人（保育者）に伝えてくれることも，排泄の自立への経験として，大切なものになっています。保育者は，出たことを教えてくれたことを認めながら「今度はトイレでおしっこしようね」と，着替えや後始末を行います。このように，大人から見ると失敗したように見えることでも，叱らずに，トイレでできるようになるための一つの過程ととらえましょう。「それは当たり前のことで，少しも気にすることはない」という気持ちを込めて子どもに向かい合うことで，子どもは保育者への信頼を一層強めることにもなります（事例12参照）。急がずに，ある程度の時間をかけてじっくりと排泄の自立へ向けての取り組みを保育者と一緒に行い，試行を重ね，また試行を修正していく過程の中で，トイレで排泄できた時の喜びは，子どもにとっても保育者にとっても大きな喜びとなります。もちろん保護者も同じような対応ができるように連携を取ることが重要になります。

事例９ パンツに移行したのだが… A子（３歳１か月）

３歳になり，失敗してもよいからと家庭でパンツを履いていると聞き，保育園でもパンツに移行したが，失敗することが続く。排泄機能が未発達ということ，失敗したという感覚もなく，大人にも伝えてこないことが見られたので，家庭にも伝え，おむつに戻すことにした。

家庭から，排泄の取り組みのあせりの発信に，保育園としても母親の思いを受け止め，パンツへの移行を進めていくことにしました。しかし実際は子どもの排泄機能が未熟だったこと，母親の妊娠のため保育者への愛着関係も強くなり，子どもの気持ちはそこに向かっていないと判断して，家庭に伝え，子どもの気持ちの整理がついてから取り組むことを確認しました。

それぞれのきっかけや自立への時期を見極めることが難しいケースとなりました。

事例10 お兄ちゃんは立っちしていたね K子（３歳５か月）

お気に入りのパンツを汚したくないという思いから，トイレへの関心も高まり，トイレに自分から行くようになった。お友達とトイレに行ける，隣同士で座ることも安心できるようで，お友達とお話をしたり，「今日はこのパンツなのよ」とお気に入りのものを見せ合ったりして，トイレの時間も楽しく過ごしていた。どのように排泄するのかにも興味が出て，「お兄ちゃんは立ってしていたね」「お姉ちゃんのトイレはドアがあったね」など，大きいクラスの子が立っておしっこをしていることなども，会話の中に出てくるようになっていった。

幼児へのあこがれが出てくる時期です。子どもの質問には保育者が答えることと同時に，子ども同士の交流の中で，他の子どもが排泄の体験をする場面を見たり，一緒にトイレに行くことが，排泄時のイメージをつくり，わかりやすくなっていくと思います。

事例11　おしっこはできたのにうんちができない　M子（3歳6か月）

排尿はスムーズに移行できたが，排便がトイレでできない子どもがいた。「うんちがしたい」というサインはあるが，「おむつにしたい」というこだわりがあり，トイレでは出ないので，おむつを使うことも多かった。排尿のコントロールが確立してくると，排便のリズムも決まってきたので，大人がついてトイレに座ってお話したり，ゆっくりとトイレで過ごすようにしてみた。1度トイレで排便できた経験をきっかけに，たくさんほめて認めた。

排尿ができると，排便も同じようにすぐに自立できると思われがちですが，その感覚は違うので，その子どもに合った対応を考えていくようにしていく必要があります。

事例12　遊びに夢中で　N子（3歳4か月）

おままごとに夢中になっているものの，モジモジしておしっこを我慢しながら続けているので，保育者が声をかけた瞬間，おもらしをしてしまった。子ども自身も「おしっこ出ちゃった」と悲しい表情をしていた。「大丈夫よ，今度はおしっこ我慢しないでトイレにいこうね」と声をかける。数日後「○○ちゃん，自分でトイレでおしっこできたよ！」と他児とトイレに来ていた保育者に笑顔で報告してくれた。

子どもが，排泄の失敗（不快な経験）から，次回はおもらししないでトイレに行こうとみずから思い，「トイレでおしっこできた！」（快の経験）という大きな喜びを経験し，保護者や保育者と喜びを共有できた事例です。

4 清潔面も精神面も気持ちよく！ トイレ環境と働きかけの手順

(1) 排泄に関する一連の所作

排泄の自立は，トイレで排泄することだけにとどまらず，トイレでどのように排泄するかなど，排泄の仕方（排泄の文化）も獲得していくことになります。

① トイレットペーパーの扱い方

２歳児のトイレには，１回分用に切ったトイレットペーパーを，子どもがかごから取れるように置き，使っています。幼児クラスでは自分でトイレットペーパーを切るようになるので，年度の後半は，子どもたちにも切り方，たたみ方などを伝えたり，実際の幼児クラスのトイレで体験を積み重ねるようにしています。また，おしりを拭く時の指圧も，子どもに強くないことを伝え，実際に大人が手伝うことで伝えていくようにします。そして，排便時の拭き方は，前から後ろへ拭くことを伝えます。子どもが拭いた後に，大人が仕上げ拭きをするようにして，清潔を保ちます。

② 手をきれいに洗う（清潔）

１歳児クラスからの継続した流れを意識して経験していく中で，手洗いの習慣を身に付けていくようにしています。トイレに行った後は，同じ空間にある水道に行き，手を洗うことを習慣化していけるように促しています。水洗いだけではなく，石けんも使用していくことや，手の平，手の甲，指の間まで丁寧に洗うように伝えていきます。

③ 混んでいる時に待つ

混んでいたり，お友達が使っている時には，トイレの前に並んで待つことを伝えています。「かわって～」「終わったらいいよ」と，子どもたちもお互いに声を掛け合うようになっていきます。しかしパンツに移行したばかりの頃は，排尿を我慢する行為もまだ長くはできないことを配慮しなくてはいけません。一度に何人もが並ぶような時間に排泄を促さないようにします。

また，着替えなどの際には，グループで行うなど，何を待っているのかわからなくなるほど長時間待つことは避けるように配慮しています。

(2) 排泄の自立に向けての言葉かけ

誘われると嫌がらずにトイレに行き，気持ちよく向えるように，保育者が気をつけなければならないことがあります。例えば，子どもが遊びに集中している時は，トイレに誘っても嫌がるばかりなので，遊び込んでいない時にタイミングをみて声をかけていきます。

具体的には以下の通りです。

① 生活や活動の区切りに「トイレに行ったら次に○○をしよう」という見通しを持てるようにし，具体的に理由などもわかりやすく，きちんと伝えます。

例：お散歩に行くから，トイレに行かれないので行ってきてほしい

　　公園にはトイレがないから，今行っておこう

② 遊びに集中している時には気持ちも向かないので，「それが終わったらトイレに行こう」と先の予定を伝えます。子どもがトイレを意識しすぎている場合には，「行こう」ではなく，遊びの区切り（一つの遊びから次の遊びに移ろうとしている時）で呼び，トイレに行ってから「遊びに行こうね」「○○やろうね」と促していきます(はじめからトイレとは言わない)。

(3) トイレの環境づくりのポイント

トイレ環境は衛生面でも，子どもたちが気持ちよく安心して使えるための配慮が必要になります。

① 清潔・安全であることを基本にしましょう。子どもはにおいに対しても敏感なので，換気ができ，においに対しても対応できるようにします。

② 使用している便器は，年齢に合った使いやすいサイズのものを用意しましょう。２歳児の子どもがまたいで座れる高さで，床に足がしっかりと付くものだと，座っている間も安定します。パンツを脱がなくても排泄がしやすいように，便器の形は細長く，座りやすく，安定しやすいものにしましょう。

③ 子どもたちが座った際に取りやすい場所に台とカゴを置き，トイレットペーパーを切っておいておきましょう。大人が取りやすい高い位置にもトイレットペーパーを置き，保育者が使用します。年度の後半では，子どもたちがトイレットペーパーを切る体験もしましょう。

④ おむつ交換スペースのすぐ隣にトイレがあると，おむつをはずす—排泄—手洗い—おむつ交換場所（パンツやズボンが履きやすい椅子の設置）などの流れがわかりやすい空間をつくることができます。

⑤ 年度の後半には一人でトイレに行くことも増えてくるので，保育室やおむつ交換スペースからトイレが見えるように，ガラス窓などにすると便利です。

⑥ おむつ交換スペースには，ホットおむつ，消毒液，手袋などの衛生関係のものが，使いやすさ，安全，清潔を考えた位置においておきましょう。

⑦ おむつ交換スペースに鏡を設置すると，子どもたちが自分の姿を映し，着脱を意識することができるようになります。

睡眠

子どもにとって，午睡はとても大切なものです。一日に必要な睡眠時間を補うという意味においてもですが，日中，湧き起こってくる睡眠の欲求を満たすという意味においても重要です。目覚め後のすっきりした子どもの顔や活気に満ちた姿を見ると，午睡の大切さがよくわかります。

それでは，どの時間帯に何時間位が適切なのでしょうか。一般的に２時間前後とも言われていますが，個人差もありますし，生活リズムに応じて考えていくことが必要です。早い目覚めで登園してくる子どもも多くいます。一人ひとりの生活リズムを把握し，24時間の流れを視野に入れて午睡を考える必要があります。

生活リズムを確立するために最も大切なのは，睡眠のリズムです。「子どもの生活リズムが乱れているので親に指導を」という保育者の悩みをよく聞くことがあります。保護者が生活リズムのすべてを担っているように思われるのですが，実は保育所においても，子どもの生活リズムを確立の一旦を担っているのです。もちろん，保護者が子どもの生活リズムの基盤をつくっているのですが，保育者も24時間の生活の流れの中で睡眠を考えていく必要があるのです。

昼食後，子どもたちは次第にまどろんできます。眠りに入るひとときの経験が，子どもの一日の気分を左右することもあるのです。子どもは，まどみながらも眠ることを拒みがちです。もっと遊んでいたい，いわゆる自由でいたい，という子どもの言い分があるのです。そんな時，眠りに誘う保育者の関わりが重要であり，それは目覚め後の気分の行方を決めるものといえます。

1 24時間の流れで考える！ ２歳児の生活と睡眠パターン

保育所で長時間過ごす２歳児にとって午睡は必須です。睡眠時間を補う，心身の疲労回復のみならず，生活のメリハリともなっています。家庭と保育所，二つの生活の場での睡眠はどの時間に，どれくらい寝たのかの確認が必要です。家庭における就寝と起床時間及び体調の確認から一日の保育が始まります。家庭と保育所をつなぐツールとなるのが連絡帳で，多くの場合，この連絡帳を通して確認します。２歳児になると午後１回寝が定着してくるのですが，それぞれの家庭状況やその日の子どもの状態によって柔軟に対応しなければならないこともあるのです。

次ページに，K子（２歳６か月）の連絡帳を基にして一週間の睡眠をまとめてみました。網掛けの部分は睡眠時間です。図４－４において火・木・金の11：45に昼食を食べながら眠っていることがわかります。

図４－４　生活の記録　Ｋ子の連絡帳より

時間＼曜日		2歳6か月（2012年３月）				
		月	火	水	木	金
家庭での生活	19：00	夕食7：30	夕食7：30	夕食7：30	夕食7：30	夕食7：30
	20：00	入浴8：30	入浴8：30	入浴8：30	入浴8：30	入浴8：30
	21：00	就寝9：30	就寝9：30	就寝9：30	就寝9：30	就寝9：30
	22：00					
	23：00					
	0：00					
	1：00					
	2：00					
	3：00					
	4：00					
	5：00					
	6：00	目覚め6：20	目覚め6：30	目覚め6：00	目覚め6：00	目覚め6：00
保育所での生活	7：00	朝食・登園	朝食・登園	朝食・登園	朝食・登園	朝食・登園
	8：00					
	9：00					
	10：00					
	11：00	昼食	昼食　午睡11：45	昼食	昼食　午睡11：45	昼食　午睡11：45
	12：00	午睡12：05		午睡12：05		午睡
	13：00					
	14：00	目覚め2：45	目覚め2：30	目覚め2：45	目覚め2：30	目覚め2：30
	15：00	おやつ				
	16：00					
	17：00					
	18：00	降園6：30				

……睡眠　……食事

Ｋ子の睡眠時間は，夜９時間，午睡３時間で１日12時間です。母親は，何とか９時には寝かせたいものだと奮闘しているのですが，どうしても９時過ぎてしまうとのことです。たっぷりと午睡をしてもらうことで，夕食，入浴まで何とか機嫌よく過ごせると感じているようです。朝６時過ぎには目覚めるＫ子は，正午ごろには眠くなってしまいます。午睡時間が２時間位という考え方もあるようですが，Ｋ子の場合は３時間前後必要であることがわかります。

24時間を視野に入れ，子ども一人ひとりに適切な午睡であるかどうか確認しておくことが必要です。

2 眠りの前は宝の時間！ 午睡前の貴重な営み

(1) 着替えのチャレンジ精神を大切に

昼食後，歯みがきをする，排泄をする，着替えるなどの一連の流れの中で子どもは次第に眠りのモードに入っていきます。充分に遊び，おいしく食べ，満ち足りた気分を自然に眠りへ誘い込むことが大切です。

事例13 パジャマを出して，着替えて，たたんで，これで眠れる M子（2歳10か月）

午睡の準備が始まった。M子は，パジャマ入れのかごからきちんとたたんであるパジャマを出して着替えた。その後，自分のロッカーから汚れもの入れの袋を出し，脱いだ洋服をたたんで袋に入れた。

袋なので，折角たたんだ服はばらばらになってしまっていたが，M子は小さくたたむと入れやすいと気づいてからいつもこのようにしている。最近，それがスムーズにできるようになってきた。

パジャマに着替えたら…
きちんとたたんで
袋に入るかな？

パジャマもきちんとたたんで入っているので，それを見て，脱いだ服もたたんで袋の中に入れました。眠りに入る前のひとときのこのような経験の積み重ねが，生活習慣を身に付けていくことにつながっていくのです。

食事から睡眠への移行時間は多様な経験をしています。目覚めてからおやつへの流れのひとときも重要で，どのような働きかけがなされるのか，眠りの前後は保育者の保育感が顕著にあらわれます。

２歳児は，着替えも一人でできるようになってきます。手順も，子どもなりに考え，工夫するようになってきます。どこにパジャマがあるのか，どう着替えるのか，毎日の繰り返しが生活の流れとして定着していきます。着替え後のさっぱりとした体感が，眠りの誘い水になってもいくのです。眠りに入る前のひとときのこのような生活経験の積み重ねが，生活の仕方を身に付けていくことにつながっていくのです。

２歳児は「自分で」と何でもやりたがる時期です。わかり易い，やり易さはやる気を起こさせ，達成感や充実感を味わうことにもつながります。

事例14　私の着やすさ　K子（２歳５か月）

この頃，「自分で」を連発するK子。麦茶をコップに注ぐ，靴を履く，パジャマを着る，何もかも「自分で」と言う。しかし，そのあとに必ず「せんせい，やって」と言う。すべてが一人でやれるとは思っていないらしい。

セーターやトレーナーをなどのかぶりのものを着る時は，「自分で」と言って両手をあげて「やって」と言うので，ほんの少し下に引っ張ると顔を出しにっこりと笑う。一人で着ることができたと満足している。

前開きのパジャマは，スナップを合わせ指に力を入れ押す。プチッと音がすると次のスナップに移る。ボタンは，穴のところにボタンを合わせてもらうとボタンを掛ける。ほっとしたような顔をする。保育者は，時間もかかるが，スナップの音がしたりボタンが出てきたりするとやったという顔をするので，一人でできるまで待つことにしている。

子どもなりに，どこをどのようにしてもらうと自分で脱いだり着たりすることができるかをわかっていて，タイミングよく必要な援助をしてもらうことで，次第に着脱も自立に向かっていくことができます。「自分で」と言うことは，子どもの側からいえば「私のできるところは自分でやりたい」ということであり，ささやかな一歩は大人の支えが十分にあってこそ歩めるのです。「まだ無理なのに」と，子どもがささやかながらできるようになっていくことの芽を摘まないようにしたいものです。

ようやく微細運動ができるようになってきたこの時期，日常生活の中で指先を使うことに興味をもってきます。午睡の前後の営みは，多様な経験ができる宝の時間なのです。脱いだり，着たり，たたんだり，片づけたり，ボタンやスナップをする，毛布をたたむなど，子どもがチャレンジできることがたくさんあります。手がかかることもあるのですが，日々経験を重ねるごとに子どもは見通しをもって取り組めるようになっていきます。保育者は見守って待つことを基本とし，必要に応じてタイミング良く，さりげない援助を行うことによって，子どもは「ひとりでできた」と喜びます。誇らしげな顔をします。達成感や満足感は子どもの発達の源であるからです。

(2) 個別の絵本読み聞かせは保育者のひざで過ごす特別な時間

生活は，眠っている時の世界と目覚めている時の世界の二つで構成されています。二つの世界は奥深いところでつながっています。大人でも，心配なことを抱えていると安らかに眠れないように，子どもも，泣きながら眠ればうなされたり，目覚めの機嫌が悪かったりしますが，このことからも，二つの世界がつながっていることがわかります。寝入る前はゆったりと満たされた気分で眠れるようにしたいものです。物語の世界に誘いながら眠りに入ることも，子どもの世界を豊かにするものです。保育所での生活は複数の子どもと大人との生活ですから，刺激の多い時間が続きますので，眠りの前のひとときは特に大切にしたいものです。

事例15 今日もこの絵本を M子（2歳4か月）

絵本『こぶたたぬききつねねこ』を保育士に持ってくる。「ん，ん……」と保育士の手に渡し「読んで」とリクエストしているようなので，「これ読むの？」と聞くと，ニッコリして保育士のひざに座った。「そう，読んでほしいのね，いいよ」と読み始める。雪が降っているページになると，そのページを人さし指でトントンたたきながら，「ふーっく……ここ……ふーっく……ここ……」と言っている。「そうそう，雪だね」と言うと，今度は少し怒ったように「ふーっく，ここ！　ふーっく，ここ！」といった。保育士はしばらく考えた後，「わかった！♪ゆーきやこんこ，あられやこんこ♪ね！」と歌うと，M子はニッコリ。保育士が「一緒に歌おうよ，ね」と言って歌うと，身体をゆらし声を出しながら歌っていたが気づいたら眠っていた。

今日もM子は同じ本を読んでと持ってきました。ここ数日続いています。お昼寝前の時間になると，待ってました，今がチャンスと言わんばかりに持ってくるのです。きっとあわただしい時間に持ってきても，読んでもらえないとわかっているのかもしれません。雪が降ってくるページをワクワクしながら待っているようです。

午睡前にクラスの子ども全員に向けて読み聞かせを行うことも多いのですが，事例のように子どもの求めに応じて個別的に読むことも時には必要です。保育士のひざに座りながら読んでもらえることは，子どもにとって特別うれしいことに違いありません。読んでもらっている子どもの様子を見ながら，自分の番がいつ来るのかと期待をしている子どももいます。他児と保育者の関わりを見ながら，自分もあのように読んでもらえるということを期待しているのです。

保育者と他児の関わりを見て，子どもは行動調整を行っていきます。寝ようとしない，甘えてくる，絵本をとりだしてくるなどの行為の奥には「わたしにも」という願いが見え隠れします。毎日でなくてもいいのです。どの日かに，特別嬉しいことをしっかり味わえれば，友達の喜びを傍で見ているだけで共有することになるのです。

3 心地よい睡眠と目覚めをつくる！ 入眠時と目覚めの援助のポイント

(1) 次第に眠くなるのを待つ

午前中活動的に遊び，昼食を意欲的に食べた子どもは，眠りの欲求が全身を包みこまれていきます。早めに眠りの欲求をもつ子ども，なかなか寝付けない子どもと様々いますが，眠りたい子どもから眠れるようにしていきます。次第に眠くなるのを待とう，とのゆったりした気持ちで，次第に眠くなっていく雰囲気をつくっていくことが大切です。

事例16 ぼくわかっているよ，「シーッだよね」 S太（2歳6か月）

午睡の時間，保育者はS太とR男の間に座り，2人のお腹をトントンしたり，さすったりしていた。S太は寝付けないのか周りにも聞こえるような大きな声で何か話していた。これでは皆が起きてしまうと思い，S太に「みんなが起きてしまうよ」と言葉かけし，シーと指を口に当てようとした。瞬間，S太が口元に人さし指あててシーッとした。2，3回繰り返すと，ぷいっと保育者に背を向けじっとしていた。そのうちに，まぶたはだんだんと重くなり，目を閉じていたが，ついに寝入った。

喜んで午睡をする子どもはあまり見受けられません。眠ることは，子どもにとってあまり楽しいことではないようです。しぶしぶ布団に入ったり，そっと起き上がってあたりを見回したり，友達を誘いかけたり，なかなか眠りのモードに入ってくれそうにありません。保育者はつい叱責してしまいます。眠るということは生理的な欲求なので，自然に眠ってしまうのですが，一斉に眠れるわけではありません。寝付きの早い子遅い子，寝入りの儀式が必要な子など，様々です。

S太は，お昼寝の時には静かに眠らなければならないということを知っているので，保育者が「シーッ」と諭そうとするのを遮るかのように自分で「シーッ」としたのです。わかっているけどじっとしていられない，まだ眠くないという子どもなりの言い分があるのです。ぷいっと背中を向けたのも，彼なりの自尊感情があることがわかります。

大人は，子どもたちが寝入ることができるように眠りの場面や雰囲気を整え，子どもを眠りのモードに誘い込むことです。いつ寝入るのかは，子ども自身の眠りの欲求が決めることなのです。

(2) 「この人でなければ！」と自我がはっきりしてくる

遊びや食事の場面では特定の保育者にこだわらなくなってきていても，午睡の時間だけは，まだまだこだわりがあるようです。複数担任の場合，どの保育者と眠りたいのかがわかっていますから，寝入りの援助の流れも保育者と子どもの中では周知されるようになってきます。いつものトントンやなじんだ手のすりすりは，子どもの安らかな眠りに誘うものです。それらの経験が十分重ねられることによって，次第に一人でも眠れるようになってきます。

事例17 やっぱり担当がいい Y子（2歳6か月）

午睡の時間，ほとんどの子どもが寝入ったが，Y子はまだ眠れないでいた。周りを見渡したり寝返りをしたり身体をゆらしたりしてなかなか落ち着かない。Y子の隣に行き，「Yちゃんも寝よっか」と言いながらタッピングをした。Y子は何も言わず私の顔をじっと見ていた。しばらくするとまた，周りを見渡したり，寝返りをしたりしていた。やっぱり落ち着かない。Y子は布団に入ったりして寝ようとしているが眠れないのだ。

他の保育者を待っているのかもしれないと思い，Y子の担任に目配せをしてそばに来てもらった。担任が「待っててくれたの」と聞くと，照れたような，安心したような笑顔を見せ布団に顔を隠した。すっと眠った。

眠気がピークに達したとも考えられますが，表情やしぐさから担当の保育者を待っていたことがわかります。横になると様々なことを思いめぐらせながら眠れるようになってくる子どもも多くなってきますが，まだ特定の保育者の援助を必要とする子どももいます。安全であること，安心できることは，寝入るためには必須のことなのです。好きな保育者の見守りの言葉が，魔法のような睡眠導入剤となるのです。

(3) 目覚め後こそ特段の配慮が必要

たっぷり眠る子もいますが，早めに目を覚ます子どももいます。そんな時，「まだみんな寝ているから待っててね」などと1時間もじっと布団の上で待つことを求めないようにしたいものです。なにもしないでじっとしているくらい，つらいことはないはずです。目覚めた子どもから，身支度をして遊べるようにしたいものです。午睡時間中は，もちろん走ったりなどの活動的な遊びはできないでしょう。保育者と絵本を読んだり，絵をかいたりなど静的なものに限られるのですが，こんな時間だから保育者と密に関われるひとときでもあるのです。「まだみんなが眠っているから，静かにしてあげようね」という言葉がけは，保育者と一緒なら理解できると思います。保育者のそっとしている姿を見て学習するのです。ゆったりとしたこのような場面であるからこっそり話せることもあるのです。

早く目覚め，まだ他児が眠っている時間こそが，その子と関係形成のチャンスです。密接に関われるひとときなのです。

一日の生活時間の中で最も拘束される，眠りに入る前と目覚め後の時間が，保育所へのイメージを左右するといっても過言ではないのです。

衣類の着脱

排泄の項目の図４－１（p.47）でも確認したように，この時期の子どもは，獲得した力を，自分の身の回りの興味関心のあることに向けていきます。できないながらも取り組む中で，大人の手を借りたり払いのけたりしながら，満足感を味わいます。例えば，ボタンがはまった時に喜びを感じるなど，こうすればこうなると予測を持って行動し，それができた時の満足感を味わうのです。衣類の着脱の自立は，衣類に関する動作が自立することももちろん大切ですが，自分で衣類を調節できるなど，みずからの生活の必要感に合わせて着脱できるようになることが重要になります。さらに，みずからの思いから取り組み，たくさんのイライラや「こんなはずじゃなかった」という感情経験を，保育者に支えられながらみずから行動することで解消していく経験もしています。これらの経験を通して,「やりたい」という意欲がさらに強まり，その「やりたい」という意欲から「やるのだ」という意志が芽生えてきます。「やるのだ」という意志は，たくさんの失敗(できもしないことに取り組みながら，周囲に助けられてできるようになる試行修正)を繰り返すことで,「できた」という確かな実感を伴った経験に裏打ちされたものです。

1 自分でできた！ 自信と達成感を味わえる援助のポイント

１歳児クラスでの安定した生活を通して，遊び―着替え―食事―午睡など，徐々に生活に見通しがもてるようになっていきます。２歳児は，安定した環境の下で身体の動きもスムーズになり，ますます「自分で」することを主張します。時間をかけながらも，できることを一つひとつ（スナップボタンをはずすなど）増やし，できることに自信をもってきます。

さらに，友達との関係もでき始め，お互いに刺激し合い，同じようにしてみたいという思いがさらにやる気を高めていきます。例えば，午睡後，着脱になかなか気持ちが向かわない子どもに，「○○ちゃんが電車で遊んでいるよ。トンネル出して遊んでいるね」「△△ちゃんは何を着ているのかな？」と声かけをすることで，自分も早く友達と一緒に電車遊びがしたい，自分の洋服は大好きなキャラクターだ，ということを思い出し，今，ここですること（着脱）に意識が向かいます。生活のつながりの中で，着脱へ意欲的になることも出てくるのです。また，自分でやってみたいという自立の思いから，自分でできたという達成感を味わう体験に変化をしていく時期でもあります。

(1) 時間的なゆとりと着脱しやすい環境づくり

デイリープログラムの中に，着脱の時間も保障しておけば，時間をたっぷりとかけて着脱に向かうことができます。例えば，外遊びを十分にした後に保育室に戻り着替えるという場合には，以下のような流れを想定してゆるやかに時間を配分します。
・遊びの区切りのついた子どもから，少人数グループ（５～６人）で保育室に戻る。
・靴を脱いで自分の下駄箱に片づける。
・帽子用のカゴを用意し，いつもの場所（帽子入れ）に帽子を片づける。
・汚れているＴシャツ・ズボンを脱いで，子どもたちが各自のロッカー（汚れものを入れるカゴ）に片づける。

これらの一連の行動は，動線で見てもその順番が分かりやすいように，玄関→ロッカー→受け渡しコーナー（着脱コーナー）というように，着脱に向かいやすい環境を用意しましょう。また，時間にゆとりをもつことで，子どもたちが焦らせずに着脱が行えるようにします。

(2) 「できない」子どもへの配慮のポイント

自分でやろうという意欲が出てきて，保育者に見守られながら着脱をする時期ではありますが,「できない」ということもあります。そのような時の配慮点は以下の通りです。

・手や足の通し方などの身体の動かし方を，子どもの身体に触れながら具体的に伝える。
・自分でできたことを一緒に喜び，一緒に達成感が味わう。
・自分で着替える服を選べるようにする。このことにより，２歳児後半ごろでは何を着替えたらよいのか，どの部分が汚れたのかなど考えて行動するようになる。
・普段から着こなしを意識した対応をする。そうすることで，着こなしを意識するようになる（前後・左右やボタンを理解してきれいに正しく着ようとする，寒い時期は肌着を着るなど）。

事例18　気持ちはあせるけどできない　　T男（2歳5か月）

月齢は低いが着替えようとする意欲はある。Tシャツを引っ張っているが思うように脱げず「できない，できない」と泣き始める。そのことが数回重なると，外遊びから入室の前になると泣き始める。保育者が「大丈夫だよ。泣かないで一緒にやろう」と声をかけ，Tシャツを引っ張る時に引っ張りやすいように押さえて援助するが，みんなと同じように早く脱いで入室したいと，気持ちばかりあせってしまい，思うように身体が動かない。「ゆっくり落ち着いてやればできるよ」と声をかけながら，Tシャツを引っ張る時や腕を曲げる場面で，どの部分に力を入れるのか，曲げる動きはどうするのかなど，子どもの身体に触れて伝えることで，着脱のコツが動きと共にわかってくるようだった。そして「自分でできた」と笑顔になり，達成感が味わえたようだった。

2 一人ひとりのペースを大切に！ 意欲的に着脱に取り組むための言葉がけと援助

１歳児からの生活の継続の上にある２歳児では，「生活の流れ」ということも意識できるようになってきています。子どもたちに「その場面で今は何をするのか？」「この次は何をするのか？」と考えられるように配慮しています。自分たちの生活を，時間の流れや見通しをもって体験することを大切にしています。

外遊びから食事，そして午睡への流れを例にとると，以下のとおりです。大まかには以下の流れのとおりですが，子ども一人ひとりのペースが尊重されるとともに，活動の一つひとつへの取り組み状況や発達過程などにも配慮され，個別に対応します。一人ひとりが自分の時間として活動の一つひとつに心身を向かわせ，確かに経験できるように配慮します。これらの心身の伴った活動の連なりを経験することで，保育園の日課が，子ども一人ひとりの実感を伴った日課になっていきます。つまり，させられている日課ではなく，子どもが自分自身の生活をする意欲的な日課になっていくと考えられます。

(1) 「遊びが終わる→食事→トイレ→午睡」の具体的な行動の流れ

・靴を脱ぐ，下駄箱に片づける，帽子（靴下）をカゴに入れる，Ｔシャツとズボンを脱ぐ。
・汚れもの（着替え）をロッカーに入れる。
・トイレにいく，排泄，トイレットペーパーで拭く，流す。
・手を石けんで洗う，タオルで拭く。
・自分の着替えを出す，着替える。
・食事コーナーへいく，エプロンをする。
・配膳のお手伝いをする（年度の後半）。
・食器をお盆の上に片づける。
・おしぼりで口を拭く，エプロンを取る。
・食後におしぼりとエプロンの２つをまとめ，ロッカーに片づける。
・椅子に座り，鏡を見ながら歯みがきをする，うがいをする。
・トイレにいく。
・食事やうがいで洋服が汚れたら着替える。
・自分のコットベッドへいく，タオルをかけて横になる，眠る。

以上のように整理した行動の流れが自動化されるには，１歳児クラスからの継続の中で，毎日の子どもの気持ちに合わせた積み重ねが必要になります。

進級したばかりの４月は，「どの場所で何をするのか」という空間的なことや，「次はどのように動くのか」という動線に関することを丁寧に伝えていきます。それを毎日繰り返す中で，自然に動けるようになっていきます。日々の生活リズムの繰り返しから，どの空間で何をするのかが明確になっていき，身の回りのことを子ども自身で取りくむ場面が増え，できること（お手伝い）も増えていきます。年度の後半は，保育者が，「次は何をするのかな？」と子ども自身が気づいて行えるような声かけをし，援助していきます。個々の着脱行為を丁寧に見ていくことも大切ですが，“生活の流れ”ということを意識していき，子どものできることを少しずつ増やしていくことで，自分でできた喜びが増えていくようにします。また，生活の中での自由さを増していくようにします。

(2) 子どもの自主的な行動を認める

２歳児クラスになると，子どもたちも園生活を積み重ねてきています。継続した生活の中で子どもたちは安定した毎日を送り，その子らしさを出してくる時期でもあります。感情も豊かになってきて，自分の心をコントロールしてみようとしたり，時にはイヤイヤとこだわりをもったりと，様々な気持ちの変化もあります。甘えや個人差もまだあることを忘れず，子どもを受け入れたり見守ったり，愛情をもって個々に細かな配慮が必要です。

信頼関係も築かれ，子どもたちが自分でできたことを大人に見守ってもらい安心して生活する中で，さらに生活の中での様式やマナーなどを身に付けていきます。子どもが自分らしく生きて，ありのままの姿を受け入れてもらえる，その中でクラスや他児との交渉や調整をしていくのだと思います。

生活や着脱の場面では，クラスに慣れるまでは丁寧に声をかけたり，その子自身が気づけるような声かけをしていきます。生活リズムが分かるようになったら，次の活動に期待がもてるような声かけをして，子どもみずからが気づき行動できるようにしていきます。その中で保育者は，子どもたちの気づきや自主的な行動を認めていき，さらに意欲がわくようにしていきます。

(3) 時には甘えも受け入れる

自分で何でもできるようになった喜びもありつつ，大人にまだまだ甘えたいという気持ちもあるものです。「できたね」と保育者が共感する，視線を送る，見守るだけではなく，身体接触をしながら声かけをしたり，場合によっては甘えを受け入れることも大切です。

時には，子どもの「赤ちゃんになりたい，お世話して欲しい」という気持ちを受け入れて，援助していきましょう。「ここは手伝ってあげるから，ここは自分でやってみようね」「一緒に脱いでみよう」など，それぞれの場面での子どもの思いを受け入れるようにします。その気持ちが満たされると，また自分でやってみようという自立につながっていくと思います。子ども一人ひとりのペースがあることを認識し，いつもと違って保育者に見てほしいとわざとゆっくり行動する子など，子ども一人ひとりのサインを見逃さず，大人もゆったりとかまえ，子どもの思いに寄り添うことを大切にしていくようにしましょう。

事例19　一つずつ一緒に　T男（2歳7か月）

着脱の意欲はあるが「できない」とすぐに泣いてしまう。みんなと一緒に行動したい気持ちはあるが，月齢も低く，身体の動かし方がよくわからない様子だった。大人が身体を動かしてあげながら，一つずつどこに力を入れてどのように引っ張るのかなど，子どもの手を持ち，力を入れながら，具体的に伝えていく。自分でできたということが経験できると，大人の見守りだけで，身体を自分でも動かして脱ごうという意欲に変わっていった。

(4)　子ども同士がモデルに

同じ2歳児クラスの子どもでも，月齢や個人差が大きいことを，保育者は意識して関わっていく必要があると思います。1歳児クラスでの基礎ができているけれど，今取り組んでいるところは様々で，「やってみたい」気持ちも様々です。子どもたちの自己発揮の基礎（意欲）をしっかり捉え，大切にできるような関わりを保育者は忘れずに援助していきたいと考えています。

他児との関係（相互関係・相互交渉）が出てくる時期なので，友達と同じように着たり脱いだりしてみたいという気持ちが出てきます。保育者が他児の行動を気づかせるような声をかけると，まねようとするので，意欲が高まることもあります。着脱ができない子どもに対して，友達からアドバイスしてもらったり，「○○ちゃんはこうやって脱いでいたよ」と，他児の姿を具体的に伝え，その方法をヒントにし，同じ方法で着脱してみようとすることもあります。困っている友達に気づき，「手伝ってあげるね」とTシャツを持ち上げて，着脱のお手伝いをしている姿も見られ，他児との関わりの中からのアプローチも増えていることが，一つの成長でもあると感じています。

事例20　お友達の食事風景を見て　H男（2歳6か月）

なかなか着替えに気持ちが向かないで，保育者にベタベタと甘えてきたり，他児とふざけてしまっていた。一番最後のグループで部屋に戻り，じっくりと保育者が関われるようにし，その子の気持ちが向かいやすい状況をつくっていく。友達が食事をしていることに気づくと，「早く着替えなきゃ」「食べないで待っていて」など，早く着替えたり支度をしなければという気持ちになっていった。友達がモデルとなることで状況が分かりやすく，生活の流れや所作を自分の中でまとめやすくなったと感じた。

事例21　どの洋服を着ようかな　Y子（2歳3か月）

自分の好きな洋服が着られるので早く着脱するが，好みの洋服を選ぶまでに時間がかかる子どもがいた。友達が「これがいいんじゃない？」「これかわいいよ」「○○ちゃんと同じだよ」と言ってくれると，その言葉が決め手となって，洋服を決めていた。着てみて友達同士で見せ合ったりして，うれしそうにしていた姿が印象的だった。

(5) 着脱に意欲が見られない

子どもが生活や身の回りのことに対して，なかなかそのような気持ちにならない場面もあります。子どもに身の回りのことをするよう直接働きかける前に，「子どもが意欲的になれない原因は何か」を考えることが大切です。意欲的になれないその場面だけではなく，家庭，保育園などその子どもを取り巻く環境すべてを考えることが，関わりを考える上で大切になります。

なぜその子の意欲がみられないのか原因を考える上でのポイントを挙げてみましょう。

・遊びの充実感がなく，満足できていないのか。
・疲れすぎや寝不足，空腹すぎて活力がないのか。
・着脱に自信がなく「できない」と思っているのか。
・大人に関わってもらいたい，甘えたいのか。

以上のような視点から子どもの日常を考えてみて，その理由が理解できれば，そこを中心にして関わりを考えていきます。保育園で解決できることもあれば，家庭と相談しながら解決を図らなければならないこともあります。それを見極め，それぞれ対応できることから取り組むことになります。

3 着替えるだけじゃない！ 着脱の自立に含まれた意味

２歳児になると，着脱などの行為をするだけではなく，その意味や好み，着こなしなどの部分にも意識して，着脱や身の回りのことができるようになってきます。

・状況に応じて，洋服を着替えることができるようになる。
　…保育者の指導や誘導が必要だが，「汗をかいたから着替える」「汚れたから着替える」ということがわかるようになり，意識して行動をするようになる。
・着脱の行為の他の楽しみも出てくる。
　…素敵な服・好きな色など好みが出てきて，好きな洋服を自分で選んで着るようになる。
・着こなすための様々な動作，その所作の獲得が大切になってくる。
　…シャツを入れる，ボタンの掛け違いに気づく，裏表や前後を意識する。

以上のように，衣類の着脱の自立は，洋服を着脱できるという動作面や，季節や気温に合わせて洋服を着替えたり調節するなどだけではなく，どのような洋服が好きかなど，自己の表現や，その国の文化なども含んだTPO（時間と場所と場合）を考えたものも含まれることになります。

4　着脱しやすさと好みも考慮！　衣服・持ちもの・靴選びのポイント

２歳児の発達過程を下敷きにした２歳児なりの「自立」を考えた時に，どのようなものが望ましいのかという点から，この時期の子どもの服をあげると，以下のようになります。

衣服選びのチェックポイント

□動きが活発になるこの時期に「動きやすい」ものであるか
□着脱の自立に向けて「着脱しやすい」ものであるか
□気候などによって「調節」しやすいものであるか
□サイズが子どもにきちんと合っているかどうか

以上の４点を満たす衣服類を具体的にあげてみます。Ａ～Ｈの点に気をつけましょう。

A　ズボン：ウエストがゴムで伸び縮みする柔らかい素材のズボン
B　Ｔシャツ：かぶりのＴシャツ（前ボタンやファスナーは難しい）
C　肌着：木綿の素材で半袖，またはランニング
D　帽子：あごひも（ゴム）付きで，全体にツバがあり日差し対策をする
E　靴：しっかりした作りで大きく開き，足が入れやすく，マジックテープで固定できる靴
F　上着：気候に合わせて着用（冬季）
G　エプロン：マジックテープで止めるタイプ
H　洗面台の手拭きタオル：適当な大きさで，子どもがフックにかけられるようフープが付いているもの
※前後，左右をとても気にする年齢なので，マークやボタンなどの目印を付けたり，靴は左右が合っているかマークを合わせるなどの印があるとよい

A，B，C▼

A，B，C▼

D，E，F▼

G，H▼
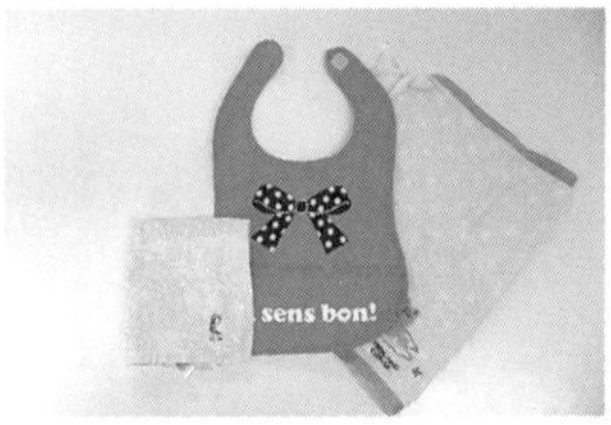

身の回りのことを「自分でやりたい」「できた」という気持ちが出てくる時期です。自分で「着られた」「脱げた」「はけた」という喜びを味わうために，着脱しやすいものを用意できるとよいでしょう。上着（冬季用）はボタンやファスナー付きのものが多いので，はじめは保育者が手伝って着脱をします。次第にボタンやファスナーにも興味をもって取りくんでいきます。

動きやすいとか，着やすいということは，子どもの力で生活できるようにする上では欠かせないポイントですが，子どもの自己主張としての好き嫌いも考慮したいものです。

5 スムーズな流れをつくる！ 着脱や身支度の時間を保障する環境づくり

２歳児の保育室は，ロッカー廊下側での受け渡しコーナー（着脱コーナー），机のある食事コーナー，遊びと午睡コーナーの三つに分けられています。

一つのことに集中しやすく，動線がわかりやすいように設定しています。また着脱をするスペースは，遊び，食事コーナーとは区切られています。

戸外遊びから帰ってきた時に，「汚れた服を脱いでロッカーにしまう→トイレで排泄・手洗い→おむつをつける→ベンチで用意されたパンツ・洋服を着る」という一連の流れがスムーズに行えるようになっています。「玄関→ロッカー→トイレ・洗面所→ベンチ」という動線があり，その後，遊びや食事に入っていきます。食事の後は，「ロッカーに片づける→ベンチで歯みがき→洗面所でうがい→トイレ・排泄→手洗い→午睡（自分のベットへ）」という子どもたちにもわかりやすい流れができています。

図４－５　２歳児の保育室

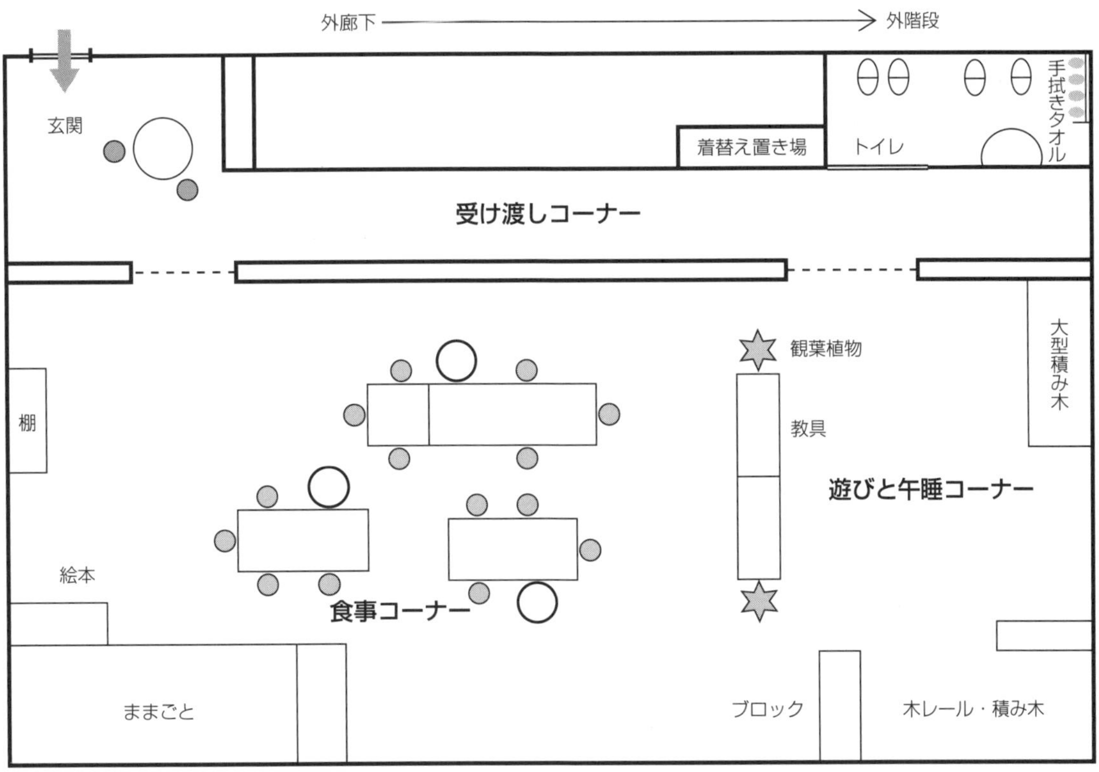

園庭側(窓)すべて窓床から120㎝の高さまで木製の格子

清潔

清潔への欲求は，食事や排泄と異なり自然に起こってくるものではありません。毎日の生活の中で繰り返すことによって身に付くものです。どのようなことを子どもに身に付けてほしいと願っているのか，子どもを取り巻く大人の考え方や援助によって，子どもが身に付ける清潔の習慣は異なってきます。

清潔の習慣を身に付ける基本となるのは，日々の生活の中で“さっぱりとした心地のよい”経験が十分になされていることです。心地よい体感こそが，不快であることに気づき，快適な状態にしようとする源になるのです。「きれいにしようね」ということと「きれいになったね」ということが子どもの中で漠然とでもイメージできるものであるならば，子どもはきれいにするという行為に向っていきます。援助が子どもにとって興味のもてるもので取り組みやすいものであるならば，達成感や満足感を味わいながら次第に身に付くことになるでしょう。

何でも自分でやりたがるようになってきている年齢です。発達に即した環境を整え，さりげない援助で，自立の過程の一歩を踏み出せるようにしたいものです。

1　手洗い

一日の保育の中で，手洗いは何度も行います。生活の流れの節目節目で手洗いをしますので，一斉に手洗いをすることが多くなってしまいます。手洗い場の数や広さは限られていますので，そこは混雑し，順番を待つ間にトラブルになってしまうことも少なくありません。「順番」と言いながら押したり抜かしたりしてしまうのです。特に，昼食やおやつの前は一斉に手洗いをすることが多く，子どもたちは気持ちも焦りがちになりますので，混雑しないように工夫することや，急がなくてもよいという声かけも必要です。

石鹸をよく泡立てて，てのひら―甲―指の間と丹念に洗い，流水でよく洗い流し，両手を合わせて水を切り，タオル（ペーパータオル）などでふきます。十分に洗えていない場合もあるので，保育者が手を添えて補うことも必要です。

長袖を着ている場合は，保育者が腕まくりをします。手洗い後は「きれいになったね」と声かけながら腕まくりをおろします。手洗いはできるようになってきているのですが，一連の流れの中で保育者が行わなければならない箇所はまだまだありますので，丁寧に援助することが必要です。

生活文化が多様になっている今日，水を出す（蛇口をひねる・押す・センサーなど）水量の調節・水を止めるなどの手洗いの前後の手順も子どもの家庭での経験を踏まえて，丁寧に伝えることも大切なことです。

事例22　もう一度シュッ　　2歳児の昼食準備

この園の手洗い場には蛇口が二つあり，３人並んで手洗いができる。前には大きな鏡があり，子どもたちは自分の顔を見ながら手洗いをしている。手洗い後はうがいをしてテーブルに座る。食事のテーブルについてもあちこち触ってしまうし，中には席を立って遊ぶ子どももいるので，配膳の直近にもう一度シュッと消毒をひと吹き，子どもたちは手をモミモミして配膳を待っていた。

並んで仲よく手洗いうがい

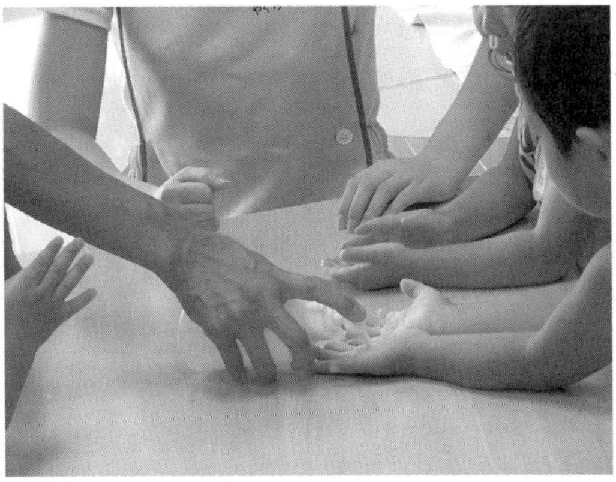
消毒液をシュッとひと吹き

一日に何回も行う手洗いは，排泄後，遊び後，食前など，場面によって手洗いの仕方も微妙に異なることもあります。保育園によっては，子どもたちが配膳のお手伝いをすることもあります。その場合の手洗いと手指の消毒は念入りに行います。

2　うがい

うがいには，外出後や外遊び後はガラガラうがいを，食後はブクブクうがいをと，場面によって異なります。その理由をわかりやすく伝えることが必要です。全員に説明をすることに加え，一人ひとりに実際に行って見せることも効果的です。見て学ぶ，まねて学ぶ発達過程にありますから，顔を上に向けてガラガラうがい，口に水を含んでブクブクうがいというように，まねることから始めると容易に身に付けることができます。

うがいは，風の予防のみならず，口腔内の清潔，虫歯の予防など，様々な意味において重要な営みです。一日に何度も行ううがいですから，できることならば一人ひとりのコップがあることが望ましいのですが，保管スペースや衛生管理なども出てきますので，それぞれの保育所の実態に応じた工夫を行うことになります。

3 顔拭き・手拭き

食事が終わる頃には，顔も手も汚れています。2歳児は，一人で顔や手も拭けるようになっています。しかし，時にはなかなかきれいにできない時もあります。納豆やカレーなど，汚れが落ちにくい時は保育者の援助が必要です。

顔も手も一人で拭けるようになってきていますが，子どもの手の大きさに合ったタオルを使わせたいものです。小さな手にウォッシュタオルをもったら，思うようにふけません。ハンドタオルなど，持ちやすい大きさで指先に力が入るようにしたいものです。また，自分のタオルはどれなのか一目でわかるようにもしておきたいものです。「きれいになったよ」と自慢げに言う子どもたちの顔は輝いています。このような経験の積み重ねが，新たなことを身に付けていく源になっていくのです。

4 歯みがき

食後の歯みがきは，衛生の面だけではなく生活習慣の確立という点からも重要です。一人では十分な磨き方はできませんので，保育者の援助が必要です。保育者が一人ひとりに援助して手順を伝えられればよいのですが，食後の保育室はあわただしく，日常的には難しい状態にあります。そこで「今日はこの子に」と，子どもごとにきちんと伝える日を設けておきたいものです。一度しっかり覚えたことは，子どもの身に付きます。歯みがきは，保育所における生活の営みの中でも重要なこととして位置付けておきたいものです。もし歯みがきが難しい場合はしっかりうがいをし，口腔の衛生に努めるようにしたいものです。歯ブラシやコップの衛生管理も必要です。保育所における衛生管理に加えて，保護者との連携も必要ですから，保育所における歯みがきの意義を伝え，理解していただくようにしましょう。

5 鼻をかむ

これまで，鼻汁が出たら拭いてもらっていた子どもたちも，「鼻が出たよ」「ティッシュちょうだい」と保育者に伝え，自分でかもうとするようになってきます。鼻をかむ手順を丁寧に伝えます。例えば，ティッシュをとり二つに折る→鼻にあて片方の鼻穴を押さえ，もう片方の鼻から「フン」とかむ→もう片方も同じようにしてかむ→両手を合わせティッシュを鼻から離す→残っている鼻水をきれいにふき取る→小さくたたんでごみ箱に捨てる，という一連の流れを，その都度伝えていくようにします。

ティッシュペーパーやごみ箱は，子どもの手の届く同じ場所になければなりません。鏡は鼻がかめたかどうかだけでなく，身支度などを確認する大切な役割もあります。

6 まねしてきれい！ 清潔の経験づくり

保育空間が清潔であることは，健康管理の上でも重要です。暮らしやすく環境を整えていく保育者の姿を見ながら，どのように生活しているのか，生活するのにどのようなことがなされているのかを，その年齢なりに経験する機会となります。

事例23 テーブルを拭けるよ　A子（2歳11か月）

保育士が，食事の準備のためテーブルを拭こうとすると，「Aちゃんがしゅるー」と言ってくる。保育士は「そーう，じゃあお願いしようかしら」と言いながら，絞ったテーブルふきをA子に手渡す。A子は「いいよー」と言いながらテーブルを拭く。そして保育士も一緒に拭きながら「あー，きれいに拭いてくれたから助かっちゃった，ありがとう」と言うと，A子は「だって，うさぎ組だもん」と言う。

事例24 ゴシゴシ！きれいにしてんの　S太（2歳10か月）

今日も暑いので園庭で水遊び。はじめのうちは水鉄砲で遊んでいたが，いよいよ楽しくなり，靴を脱いで水鉄砲合戦やシャワー遊びに発展していった。冷たい水が身体にかかるたび，「キャー」とはしゃぎ逃げながら，振り向いてすぐにシャワーに向ってくる。水と鬼ごっこをしているようだ。そんな中で，S太はゴム手袋がビニールプールのそばにあることに気づいた。ゴム手袋に水を入れて遊んでいたが，そのうち手袋をしたまま玄関先の手すりの前にしゃがみこんだ。手袋に親指だけを入れ手すりをと上から下に上から下にとこすり始めた。真剣な顔でこすり続けていた。「何やってんの」と聞くと「きれいにしてんの」と言った。保育者が時々手すりの掃除をしているのをまねているようだった。

手すりを2本，上から下まで3往復し，手袋をはずしまた水遊びを始めた。

水遊びの途中，ゴム手袋で手すりをゴシゴシ

事例23と事例24は，保育者の日々の暮らしを模倣して子どもが育っていることがわかります。テーブル拭きのA子は「だって，うさぎ組だもん」と言いながら，自分でできるようになったことを誇らしく感じています。手すり掃除は，よく保育者が行っているのを子どもが見ていて

まねているのです。保育者が手袋で拭いているわけではないのですが，S太には手袋に手を入れると拭きやすいと思えたのでしょう。それは大発見だったに違いありません。手すり拭きはS太にとっては遊びだったのです。

保育の環境整備は保育者が行っていますが，子どもはそれをよく見ています。生活の中で一緒に行いながら，時にはまねながら，清潔の習慣を身に付けていきます。

7 汗も汚れも時には気にせず！ 衣服の調節のポイント

子どもは，暑いから脱ぐ，寒いから着るなど，気温の変化に応じて適宜に衣服の調節はできないので，保育者は気温や湿度などに応じて子どもの衣服の調節をするように心がけなければなりません。暑ければ自然に脱ぐのですが，寒いから羽織るこということはあまりないでしょう。

基本的には，大人より一枚少なく着ることが望ましいと言われていますから，厚着の必要はないのですが，朝夕の登降園時は季節によっては着込んでくることもあります。活動量が多くなったら脱ぐように声かけをしたり，調節したりすることが必要です。また，汗をかいたり，汚れたりしたら着替えをし，さっぱりと気持ちよく生活できるようにします。

事例25 「楽しく遊べてよかった」母親のつぶやき　K子（2歳7か月）

母親がいつものように保育園に迎えに行った。K子の下駄箱にK子の靴が入っていない。別の子の靴が入ってるのかと思ってよく見たら，どろどろになったK子の靴だった。ピンクの靴が茶色に，しかもびしょびしょ。どうしたのだろう，保育者に聞いたら保育園においてある外遊び用の靴ではなく登園した時の靴で泥んこ遊びをしてしまったとのことだった。母親はほんの少しショックだった。

しかし，帰り道，自転車の後ろに乗ってが泥んこ遊びが楽しかったことを夢中で話し続けるので，思わず自転車をとめて聞いた。あまりに楽しそうに話すK子を見ているうちに，よほど楽しかったんだ，よかった，と思えてきた。豪快に泥んこ遊びをするK子の姿を思い浮かべた。うれしくてペダルをこぐ足がはずんだ。

事例25のように汚れても子どもが楽しければと喜んでくれる保護者とは限らないでしょう。汚れすぎないようにとの気遣いをしなければならないこともあるかもしれません。水や砂や泥でダイナミックに遊ぶこと，微細活動に集中すること，どちらも子どもにとって重要なことです。遊びの中で発見・工夫し，物の性質や，見分ける力など様々なことを身に付けていくのです。ワクワクドキドキと心躍る，体が動く，言葉が出る，人とつながる，もっと遊びたいと思う，この循環が発達をもたらします。遊びの意義を理解して頂き，汚れても良い服や靴を持参していただき存分に遊べるようにしたいものです。

片づけ

２歳児が，遊戯室で大型積み木で電車や家を作って遊んでいました。保育者が「そろそろお片づけしようか」と声をかけると，子どもたちは元の積み木のあったところに戻し，重ねはじめました。しかし一人の子が，電車の先頭部分だけは遊戯室の片隅に押し寄せたのですが，元の場所には戻さなかったので，保育者は「ここにお片づけするのよ」と持ってくるように誘いかけました。しかしその子は「だって，遊ぶから」と呟きました。このまま残しておきたいと言うのです。

この子どもにとって，遊戯室の隅まで移動したことが片づけだったのです。せっかく作ったもので，まだ遊びたかったのです。片づけというと，朝あった通り，元の場所に戻すことだと考えられがちですが，必ずしも子どもはそのように考えていないこともあるのです。遊びのイメージはつながっているのです。ご飯を食べてから，お昼寝が終わったら，そして，明日もこの遊びをしようとつながっていて，次の遊びに備えての準備が片づけと捉えていることもあるのです。遊びの中に子どもの暮らしがあり，暮らしの中に遊びがあるのです。

1 ゆったり見守って！ 片づけの習慣をつくる雰囲気づくり

片づけの習慣は，次に遊ぶ時にすぐに取り出せるということに気づくこと，すぐに取り出せることで楽しく遊べるという経験をすることです。そのためには，おもちゃは興味や関心がわいたとき取り出せるように，棚などに並べておきます。好きなものをいつでも選んで取り出せると意欲的に遊べますし，遊び終わった後も，満足感を味わえます。遊び終わった後は，保育者が手助けをしながら片づけをします。子どもがゆったりと片づけられることが，無理なく片づけの習慣を身に付けることにつながります。

子どもが数えられるだけの個数や，並べやすい空間に目印を付けるなど，出し入れが容易にできるようにします。片づけの方法が一目瞭然として理解しやすい環境づくりが必要です。加えて，子ども自身が片づけようとする雰囲気づくりと，片づけようとしている姿を見守ることも大切です。

片づけとはある活動の終わり，次の活動のはじまりの為にもとに戻し整理すること言います。子どもが自発的に片づけるということは少なく，保育者の誘いかけによって行われる場合が多く，指示的，強制的になりかねません。２歳児は片づけは保育者主導で行われ，子ども達は手伝いとして加わるという捉え方が自然です。取り出す，元の位置に戻すという習慣をつけていくためにはどこに何があって，どのようにしたら使えるのか，興味関心をもったとき自発的，主体的に関われる環境でなければなりません。

事例26　まだ遊んでいたい　K男（2歳9か月）

昼食準備の時間になったが，K男はブロックを片づけられない。他児はテーブルで配膳を待っていた。「もう，お食事だから片づけようか」と3回ほど声掛けしたが，K男は黙々とブロックで遊んでいる。

他児たちが手洗いを始めたため，K男はしばらく思うように遊べるようになったので片づける気にはならないようだ。

保育者はちょとだけK男とブロック遊びをした。

5分ほど遊ぶとK男は片づけを始めた。満足そうな顔をしていた。保育者もK男と一緒に片づけた。

もう少しだけ遊んでいたい…

このような場面は少なくないと思われます。遊びこむタイミングが子ども一人ひとり異なるからです。事例26の保育者は，K男の遊びの様子をよく見ていました。ブロックで遊んでいても昼食準備が気になっているようなので，遊んだという満足感が味わえるように一緒に遊ぶことにしたのです。

保育者がそばにくると，周りを気にせず遊びました。5分ほど夢中で遊ぶと，一人で片づけ始めたのです。

2　片づけは遊びの延長！　楽しく学べる片づけの工夫

子どもの片づけには，多くの思考の要素が含まれています。元の場所はどこか考える，必要なものと不必要なものを分別する，ごみはごみ箱に，はさみはロッカーに入れる，作ったものを飾るなど，一つひとつの片づけ方を考えます。ブロックはかごに入れ，縄跳びの縄は結んで袋に入れるなどの分類もします。自分のものと他人のものとの区別をつけて片づけるなどもあり，片づけの中で子どもは様々なことを学んでいます。

急いで片づけるようにとせかすと，子どもは混乱してしまいます。ゆっくりとせかさず見守り，学びの過程であると捉え，適切な援助をしていきます。子どもがやり終えられるように待つことが大切です。先に述べたように，子どもは，次の遊びへの移行として片づけをイメージしているということも視野に入れておきます。2歳児の片づけは時間がかかるもの。保育者は，子どもと一緒に片づけることも必要です。

事例27　子どもなりの片づけ

ホールでマット遊びをした後，保育者がマットを縦にして倉庫に運ぼうとしていた。すると子どもたちが寄ってきた。はじめのうちは，マットを押したり叩いたりして遊ぼうとしていたが，マットが入っていた倉庫の戸が開けられると「片づけ」であることを察知したのか，一緒に持とうと手に力を入れ始めた。

保育者が「よいしょ，よいしょ」と言うと，子どもたちもその声に合わせて運び始めた。まだまだ力は入らないけれど一生懸命持っている。

倉庫までずっと持っていた。倉庫に納め「ありがとう」と保育者に言われると，もう一枚持ってこようと戻っていった。

よいしょ，よいしょ，みんなで運ぼう

注目したいのは，遊具倉庫の戸が開いた時，子どもたちは片づけるのだということに気づいたことです。何をどうしたらよいのかを，子どもなりに判断できることがわかります。軽いマットなので保育者一人でも片づけられるのですが，保育者は子どもの歩調に合わせて運んでいます。「よいしょよいしょ」とさも重そうにし，子どもの力が必要なのだというメッセージを送っています。

マットの片づけも子どもにとっては楽しい遊びの延長のようですが，「ありがとう」と言われた時，お片づけをもっとしたいと気づいたのでしょう。

片づけは，遊び後の余韻を味わっていることもあるでしょう，気持ちの切り替えができないこともあります。こんな時こそ楽しくできる工夫が必要であり，保育者の力量が表れる場面でもあります。

3　身の回りがはじめの一歩！　片づけたくなる環境づくり

片づけは，「共有の場や共有の玩具をみんなで片づけましょう」というようなイメージをしがちです。しかし，片づけは子どもの身の回りのことから始めるとわかりやすいのではないでしょうか。子どもが自分の靴下をロッカーに入れる，脱いだものをかごに片づけるなどを通して，自分の身の回りのものをどこに置くのか，必要になったらどこから取り出せばよいのかの見通しがつくことが，片づけることにつながっていきやすいものと思われます。

日々の生活の中で，取り出す，片づけるの具体的な体験を通して，片づけが生活しやすさにつながるということを知っていくのです。そのようなことに気づくまでには長い時間がかかるのですが，始まりは，まず子ども自身の身の回りのささやかなことからはじまるのです。

ルールやお約束として片づけが強調されがちですが，気持ちよく生活をするためには必要な営みであるということを気づいて行けるような環境づくりが大切です。子ども自身のものがどこにどのようにあるのか，登園時から，おしぼり，コップ，連絡帳などの置く場所を一定にし，降園時もいつもの場所から持ち帰られるようにすることが，片づけが身に付くはじめの一歩であるといえます。

事例28　だんごむしの「おかたづけ　おかたづけ」　K男（2歳10か月）

午前中，だんごむしをたくさんつかまえ，バケツに入れふたをしておいた。午睡から目覚めると「だんごむしいるかなぁ」と言い，外に出てまただんごむしをつかまえ始めた。片手に8匹ぐらいつかんでバケツに入れた。バケツに「おっきいの」と言って入れていた。大きいだんごむしだけを入れていた。「いち，に，ご，なな」と数えていた。

しゃがんだ足がバケツに当たり，バケツがひっくり返った。50匹ぐらいのだんごむしが逃げ出した。保育者はあわててだんごむしをつかまえ戻した。K男はちっとも動じず，淡々と♪おかたづけ　おかたづけ　さぁさ　みんなでおかたづけ♪と歌いながらバケツの中に戻していた。

そうか，おかたづけなんだ，元に戻すことだからかな，と思った。

片づけも，子どもにとって遊びの一つであることが，だんごむしの「おかたづけ　おかたづけ」の事例からわかります。事例28のK男にとってバケツの中にだんご虫を戻すことはお片づけであったのでしょう。片づけは遊びではない作業であると考えがちですか，片づけが子どもの生活の一連の流れの中にあり強制的なものでないと感じられるような保育をしたいものです。片づけは，活動と活動の節目や，生活のリズムの切り替えの時間に行われます。そのため，短時間であわただしく行われることが多く，子どもは混乱しがちです。保育者も急ぐ声かけになってしまいがちですが，実は保育内容の一つなのです。暮らしの中に遊びがあり，遊びの中に暮らしがあると考えるならば，片づけは，暮らしの中の重要な要素であると考えられます。保育内容の質を左右する要因をはらむものでもあるといえます。

V章 2歳児の遊びがいきいきする支援とアイデア

1 一人ひとりを尊重することが豊かな遊びと人との関わりを育てる

(1) 一人ひとり自由に表現することを尊重する

２歳児は，興味や関心が広がり，表現方法も豊かになっていきます。自分の感じたこと，考えたこと，経験したことを，言葉や身体，遊びなど様々な方法で表現したり，周囲の人に伝えたりできるようになります。まずは子ども一人ひとりがどんなことに興味をもっているか，どんな時にいきいきした表情をしているかを把握しましょう。そしてそれぞれの子どものやりたいことが，どうしたらより豊かに自由にのびのびとできるかを考えながら，環境を整えていくことが大切です。

また，この時期は手先も発達してきて，はさみやのりなど様々な道具を使うこともできるようになってきます。子どもの発達や興味に合わせて，道具を使う経験やいろいろな素材に触れる機会をつくっていくと，子どもたちの表現の幅を広げていくことができます。

(2) 友達と関わって遊ぶことで世界を広げていく

自分の遊びが十分満足すると，子どもは自分以外の周囲にも関心をもつようになり，友達との関わりが広がっていきます。「同じ」「一緒」であることがうれしく，同じものを持ち「おそろい」を楽しんだり，誘い合って一緒に遊んだりする様子が見られるようになります。保育者は子どもが自分とは異なる個性をもつ友達と関わることで，自分では気づかないおもしろさに出会ったり，新たに興味を広げたりしていけるよう，また子ども同士をつなげていけるような配慮していきましょう。

また，関わりが増えてくるとぶつかり合うことも増えていきます。子どもたちにとっては，ものの取り合いやぶつかり合いなどの思い通りにならない経験は，自分の思いを相手に伝え，また相手の思いに気づく機会であり，成長する大事な場面です。保育者は，トラブルなどを困ったこととして捉え，ただ収めるだけのその場しのぎの対応をするのではなく，子どもの思いを言語化し，引き出していくような関わりを心がけることが大切です。

2 遊びを通して思いを表現する！ 遊びを支援する５つのポイント

この時期はみんなで同じことをすることより，まずは一人ひとりが自分の思いを自由に表現することを大切にしていきましょう。子どもはありのままの自分が認められ尊重されることで自信をもち，ますます自分らしさを発揮するようになります。自分が尊重された子どもは他の人も尊重するようになります。一人ひとりがいきいきとし，子ども同士が関わりの中でより豊かな経験をしていけるような支援を考えていきましょう。

ポイント①　一人ひとりの興味を把握しよう！

子どもたちの興味や関心は，皆同じわけではありません。特に，２歳は好きなものやこだわりがはっきりとしてくる時期でもあります。自分のやりたいこと，好きなことに一人ひとりが満足いくまでじっくりと関わることができるように配慮し，環境づくりを工夫しましょう。子どもは，自分の思いが認められ尊重されることで自信をもつことができ，また自分がされたように他者を尊重するようになります。

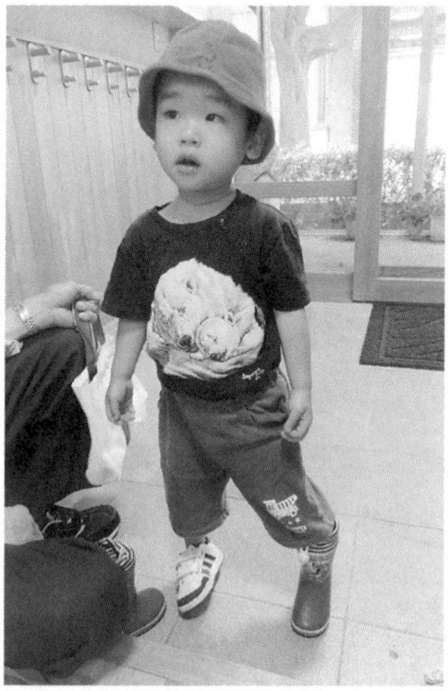

左右で違う靴をはいてきた日
「みて！ぼくのくつ　かっこいいでしょ！」

ポイント②　子ども同士をつないでいこう！

友達とのやり取りも増え，関わりが楽しくなってくる時期です。しかし十分に自分の思いが伝わらなくてトラブルになることも多々見られます。保育者が子どもの思いに寄り添いながら，言葉にできない思いを代弁して，子ども同士の気持ちを伝える援助をしていきましょう。

他者と関わることで，自分とは異なる考えや感じ方に出会い，子どもは世界を広げていきます。

怖がる友達のお手伝い
「わたしがいるから大丈夫！」

ポイント③　いろいろな表現方法を提案しよう！

少しずつ手先が器用になり，いろいろな道具が使えるようになってきます。ちぎる，切る，貼る，描くなど，様々な材料や道具に触れる遊びを取り入れていきましょう。様々な素材に触れることや，道具を使うことで，より自由に表現できる幅を広げていくことができます。この時期は，月齢差，個人差，また経験などによる差が見られる時期でもあります。できるだけ小人数で，一人ひとりに合った援助ができる環境を工夫しましょう。

はじめてのはさみ
「自分で！」と集中して

ポイント④　保育者間で連携し安全な環境を！

行動範囲が広がり，動きも大きくなってきます。いろいろなことができるようになったり，大きくなったことの自信から「自分で」「ひとりで」と何でもやってみようとする時期でもあります。子どもたちのやってみたいという意欲を尊重し，必要以上に「危ない」「ダメ」と止めなくてもいいような環境を整えていきましょう。大きな事故やけがにつながらなくても，危険だと感じることがあった場合は，どんなに小さなことでも保育者間で伝え合うようにしましょう。

10kgのお米を運ぶ
「ふたりで力を合わせて」

ポイント⑤　保護者と子どもの育ちを共感しよう！

一人ひとりの思いを尊重していくと，その子らしさを感じられるようなおもしろい遊びがあちこちで見られるようになります。そのおもしろさや子どものもつ魅力を，具体的なエピソードや写真などを通して保護者の方に伝えていくとよいでしょう。

この時期の子どもは「やだ」「だめ」と自己主張が強く見られ，子育てに悩み，わが子のよさを感じられなくなっている保護者も少なくありません。子どもの様子を伝えることでわが子の魅力や成長していることを実感できることになります。

楽しいことを親子で共有
「きょうはおさんぽいったんだよ！」

3 「やりたい」気持ちを大切に！ 遊び空間づくりの工夫とポイント

自分でやってみたい，作ってみたい，友達と一緒が楽しいなど，遊びが多様に広がっていく時期です。「だめ」「危ない」と必要以上に止めることなく，のびのびと自由に一人ひとりが自己発揮できるような空間づくりを工夫しましょう。

(1) 身体的機能の発達を考慮した遊びの空間

□自分のペースでじっくりとやりたいことに取り組むことができる，あるいは活発に動くことができる。

□走る，よじのぼる，跳ぶ，くぐる，隠れるなど様々な動きが楽しめる。

□つまむ，引っ張る，押す，かける，はずす，回すなど様々な手の動きを誘う。

(2) 興味の個人差に応じることのできる空間

□異なる興味に応じて，様々な遊びが選択できるおもちゃの設置場所や数などが工夫されている。

□静（集中）と動（発散）がそれぞれに尊重される動線が工夫されている。

□子ども一人ひとりが自由に表現できる道具や場が設定されている。

(3) 体調や機嫌に対応できる空間

□なんとなく体調がすぐれない，不安定さを感じる子どもが保育者とゆったりと過ごすことができる囲われた安心できるスペースを確保している。

□一人で遊びたい子どもがじっくりと自分の世界に浸れる空間がある。

□イライラ，モヤモヤしている子どもや思い切り身体を動かしたい子どもが存分に力を発散させて身体を動かせる空間がある。

(4) 使い方に配慮したおもちゃの収納空間

□いつも決まったところにおもちゃを収納していて，子どもの期待や予測を裏切らない。

□子ども自身が選びやすく取り出しやすく収納されている。

□子ども自身が片づけやすく分かりやすい収納になっている。

(5) 五感が刺激される空間

□明るい，暗い，狭い，広い，暖かい，冷たい，高い，低い，硬い，やわらかいなど，様々な感覚が刺激される体験が保障されている。

□季節の移ろいを，五感を通して感じることができる場所がある。

4 写真でわかる！ 豊かな表現力や人と関わる力が育つ遊び

一人ひとりが十分に自己発揮されることで，それぞれのもつ個性が引き出されていきます。そして，子どもたちはお互いに友達に魅力を感じ，自分が尊重されたように，相手のことも尊重するようになります。保育者は様々な経験ができるよう，また子どもたちが人と関わる力を培いながら育ち合っていけるよう一人ひとりの発達や興味を把握して尊重しながら，おもちゃ，素材，道具，空間の使い方などを工夫し環境を整えることが大切です。

(1) 自然や季節を感じる遊び

四季を通じて木々や植物などを身近に感じることで，変化していく様子，実りの時，待つ楽しみなど時間の経過を通じて様々な経験をすることができます。

また，そっと触れる，ほのかな香りに気づく，ザラザラやひんやりした感覚を体験するなどの遊びは，友達の表情や感情を読み取る感性，触れる時の力加減，困ったことを乗り越える時の発想の豊かさなど，多様な出来事へ応用する力となって，人との関わりの中に生かされます。

育てていた
あおむしが
ちょうちょに
なったよ！

空気・空の高さ・
におい・音・色などの
四季の変化を
感じて！

(2) 自由に表現する遊び

いつも思いを尊重され，肯定的な暖かいまなざしに包まれ安心して過ごしている子どもは，感じたこと，考えたことを自分のもっている様々な方法でのびのびと表現します。保育者は安全には十分配慮した上で，子どもがいきいきと自信をもってありのままに表現できる環境を整えていくことが大切です。

⑶　友達と楽しさを共感する遊び

自分のやりたいことに十分満足すると，子どもは他者へと関心が広がっていきます。「同じ」「一緒」であることがうれしかったり，自分のことが友達に認められることで自信をもったり，また友達との関わりの中で，自分一人では考えつかなかったことやおもしろさに気づいたりします。人と関わる楽しい，心地よい経験が，人を信頼することや人とコミュニケーションをしていく力になります。

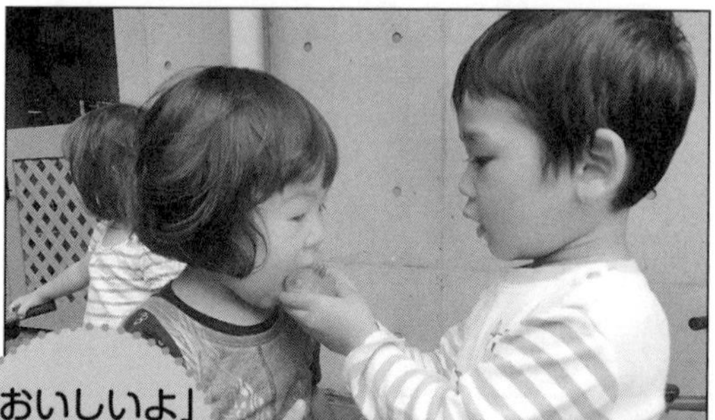

(4) 保育者の提案や関わりの中での遊び

まずは，子どもの思いや興味を尊重した遊びの環境が十分整っていることが大切です。その上で，子どもの興味や関心の深まり，様々な経験の広がり，子ども同士をつないでいくことを意図した遊びを保育者が設定し，さりげなく提案することも必要です。

5 遊びのストックをたくさんつくろう！ **テーマ別　オススメの遊び**

広いところでおもいきり遊ぶ

素　材　厚手のサテンの布

作り方　大きさ２メートル四方。四隅を縫う。

遊び方　上に乗ってひっぱる。
四方をもってパタパタと上下させる。
中に入るなど。

声を合わせて，リズムにのって

素　材　お花がみ　布　など

作り方　お花がみで髪飾りを作る。
布やままごとのスカートなどを衣装に見立てる。

遊び方　子どもたちが見たマーチングバンドを自由に再現。
子どもたちからのアイデアを受け入れながら一緒に作っていく。

物語を演じる

素　材　フェルト　ゴム

遊び方　子どもたちの気に入っているお話に登場する動物などの帽子を作る。
役に応じた帽子を身に付けることでぐっと物語の世界へ引き込まれていく。

身体を使って遊ぶ

素　材　竹の棒　一枚の板

遊び方　板や棒などを使って一本橋を作ったりぶら下がったり，くぐったりして遊ぶ。遊びを通してバランスをとること，力を入れることなど自分の身体を様々に使うことを経験する。

音楽を楽しむ

素　材　楽しいリズム・穏やかな曲・静かな音など

遊び方　子どもたちの遊びや場面によってどのような音楽がよいか選ぶ。

使用音源（CD）

乳幼児のための音楽集

「ぐんぐんおんがく」（COCE-36328-9）

「ほわほわおんがく」（COCE-36330-1）

「すてきなクラシック」（COCE-38089）

（コロンビアレコード）

おすすめ絵本

書　名	作　者	出版社	オススメポイント
ちょっとだけ	瀧村有子　作／鈴木永子　絵	福音館書店	お兄ちゃんお姉ちゃんになった子に
三びきのやぎのがらがらどん	マーシャ・ブラウン　絵／瀬田貞二　訳	福音館書店	おはなしを楽しむ
みんなのかお	さとうあきら　写真／とだきょうこ　文	福音館書店	いろいろな動物の表情を楽しむ
ことばあそびうた	谷川俊太郎　詩／瀬川康男　絵	福音館書店	ことばのリズム，おもしろさを感じて
きゅうきゅうばこ	山田真　文／柳生弦一郎　絵	福音館書店	もっと知りたい！知的好奇心に
おたまじゃくしの101ちゃん	かこさとし　作・絵	偕成社	おはなしを楽しむ
からすのぱんやさん	かこさとし　作・絵	偕成社	おはなしを楽しむ
すてきな三にんぐみ	トミー・アンゲラー　作／今江祥智　訳	偕成社	おはなしを楽しむ
きょうはみんなでくまがりだ	マイケル・J・ローゼン　再話／ヘレンオクセンバリー　絵／山口文生　訳	評論社	おはなしを楽しむ
かようびのよる	デヴィッド・ウィーズナー　作・絵 当麻ゆか　訳	徳間書店	ユーモラスな世界を楽しむ
りんごがたべたいねずみくん	なかえよしを　作／上野紀子　絵	ポプラ社	愉快な仲間
あしにょきにょき	深見春夫　作・絵	岩崎書店	ユーモラスな世界を楽しむ
おやすみ，ぼく	アンドリュー・ダッド　文／エマ・クエイ　絵／落合恵子　訳	クレヨンハウス	ゆったりした気持ちに
絵巻えほん 11ぴきのねこのマラソン大会	馬場のぼる　作・絵	こぐま社	愉快な仲間
こうしたろうのたんけんわくわく	くどうなおこ　文／いけずみひろこ　絵	童話屋	愉快な仲間
あのやまこえてどこいくの	ひろかわさえこ　作・絵	アリス館	ことばのリズム，おもしろさを感じて
子どもと森へ出かけてみれば	小西貴士　写真・ことば	フレーベル館	森へ行った気分に
小学館の図鑑 NEO POCKET　昆虫	小池啓一 小野展嗣　指導／執筆	小学館	もっと知りたい！知的好奇心に
小学館の図鑑 NEO POCKET　植物	和田浩志　監修	小学館	もっと知りたい！知的好奇心に

Ⅵ章 保育課程・指導計画のビジュアルガイド

保育所の生活は，日課にそって毎日同じことを繰り返しているように見えます。この繰り返される日常の中に「今を生きる子どもの欲求」があり，その生活を共にしながら「望ましい未来をつくり出す力の基礎が培われるように」という保育者の願いがあります。保育者の願いは，子どもとの生活を通して子どもの発達に大きな影響を与えます。

特に，２歳児クラスにおいては，やがては人の生活の基底となる生活行動の獲得が保育内容の重要な部分を占めるようになります（図表６－１，２参照）。それは，子どもの興味関心が身の回りのことへ向かい始め，さらに「じぶんで……」と自分の身体と欲求に関係に気づきだし，自分でやってみることが重要な時期であるからです。また，２歳児クラスの３歳児においては，自他の区別（「私」の誕生）が付き，自分の身体を通して感じたことなどを自分なりの言葉で表現しようとする一方で，他児との関わりも積極的になってきます。このような子どもの発達特性をふまえて，それにふさわしい生活（保育の内容）になるように，保育課程や指導計画が作成されることになります。

図表６－１　おおむね２歳の保育（発達）の核と保育内容

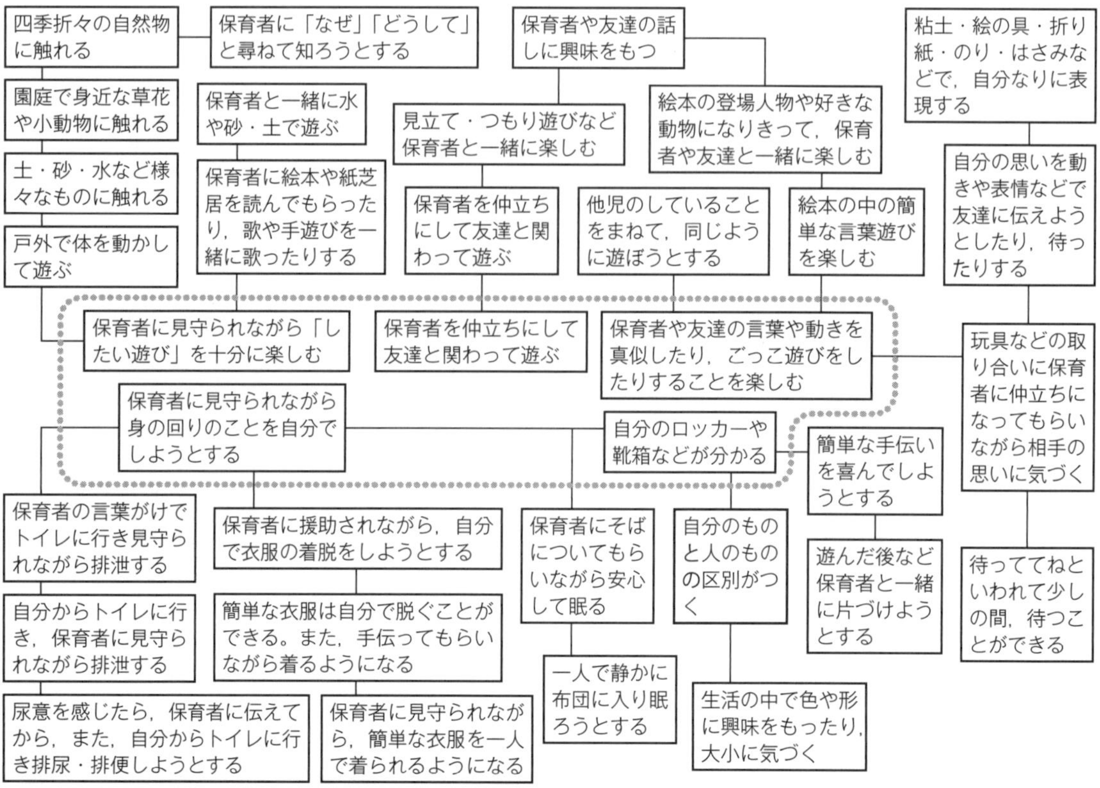

図表6－2　おおむね3歳の保育（発達）の核と保育内容

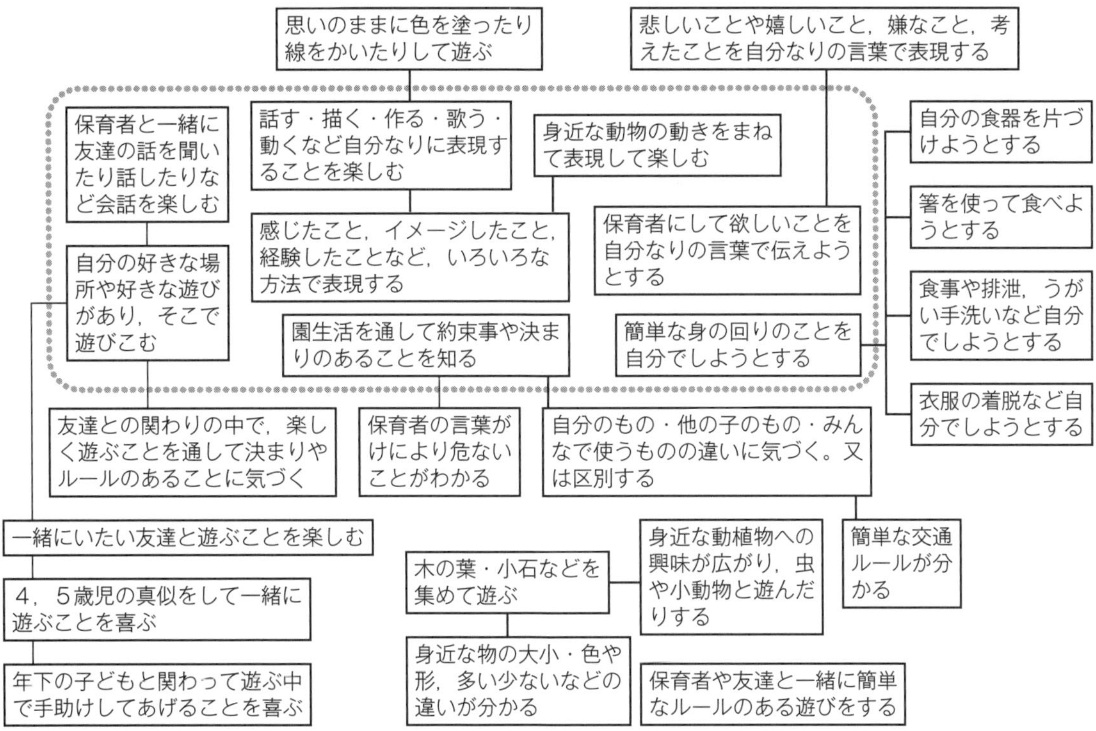

1 基本をしっかり押さえよう！「保育課程」と「指導計画」の丸わかり解説

⑴ 「保育課程」とは—誰がどのようにつくるのか

保育所には様々な保育の計画がありますが，保育課程はその計画の最上位に位置するものです。保育所保育指針（以下保育指針）には保育課程を次のように定めています。

> ⑴ **保育課程**
> ア　保育課程は，各保育所の保育の方針や目標に基づき，第２章（子どもの発達）に示された子どもの発達過程を踏まえ，前章（保育の内容）に示されたねらい及び内容が保育所生活の全体を通して，総合的に展開されるよう，編成されなければならない。
> イ　保育課程は，地域の実態，子どもや家庭の状況，保育時間などを考慮し，子どもの育ちに関する長期的見通しを持って適切に編成されなければならない。
> ウ　保育課程は，子どもの生活の連続性や発達の連続性に留意し，各保育所が創意工夫して保育できるよう，編成されなければならない。
>
> 第４章（保育の計画及び評価）の１の⑴「保育課程」

① 子どもの最善の利益を第一義にして多様な機能を果たす保育所保育の根幹をなすものです。
② 保育時間の長短，在所期間の長短，途中入所等に関わりなく入所児童すべてを対象とします。
③ 延長保育，夜間保育，休日保育などを実施している場合には，それらも含めて子どもの生活全体をとらえて編成します。
④ 保育の実施に当たっては，保育課程に基づき，子どもの発達や生活の状況に応じた具体的な指導計画やその他の計画を作成し，環境を通して保育することを基本とします。
⑤ 入所児童の保護者への支援，地域の子育て支援は，保育課程に密接に関連して行われる業務と位置付けられます。
⑥ 保育課程の編成は，施設長の責任の下で，全職員が参画し，各保育所においては，保育指針に基づき，児童憲章，児童福祉法，児童に関する権利条約等に示されていることを踏まえ，子どもの心身の発達や家庭及び地域の実態に即して編成することになります。

「保育所保育指針解説書」（厚生労働省）

そして，保育課程編成の手順について，保育指針解説書では参考例として次のように述べています。

保育課程編成の手順について（参考例）

1） 保育所保育の基本について職員間の共通理解を図る。
児童福祉法や児童に関する権利条約等関係法令を理解する。
保育所保育指針，保育所保育指針解説書の内容を理解する。
2） 各保育所の子どもの実態や子どもを取り巻く家庭・地域の実態及び保護者の意向を把握する。
3） 各保育所の保育理念，保育目標，保育方針等について共通理解を図る。
4） 子どもの発達過程を見通し，それぞれの時期にふさわしい具体的なねらいと内容を一貫性を持って組織するとともに，子どもの発達過程に応じて保育目標がどのように達成されていくか見通しを持って編成する。
5） 保育時間の長短，在所期間の長短，その他子どもの発達や心身の状態及び家庭の状況に配慮して，それぞれにふさわしい生活の中で保育目標が達成されるようにする。
6） 保育課程に基づく保育の経過や結果を省察，評価し，次の編成に生かす。

第４章（保育の計画及び評価）の１の⑴の②「保育課程の編成」

以上からわかるように，どんなに優れていると思われる保育の実践でも，保育は，保育者一人でするものではないことが理解できます。様々な法規の網の目や，子どもと保護者が生きる現場の諸条件との関連で，「ここの今」の子どもとの生活を保育目標に向けて，共に作りあげるおおよその内容を盛り込むことになります。それぞれの保育所の保育課程では，施設長のもとで，保育所の全員で保育の理念や方針を確認します。そして，保育所の子どもの発達の姿や生活の様子を具体的に理解しながら，保育目標に向けての内容を考える中で，保育者一人ひとりの保育実践が，園全体の考え方や方法に則ったものとなっていきます。例えば，２歳児クラスの担任だからと２歳児だけを考えればよいのではなく，０歳児から５歳児クラスまでの発達の見通しや保育の内容の中で，みずからの担任するクラスを考えることになります。

さらに，保育課程を保育所全員で作成することで，保育課程をもとにお互いの保育を繰り返し話し合うことが可能になり，保育の質の向上を目指す上でも重要になります。

話し合いをするうえでの参考に，保育課程の編成に関連する要因を整理しました（図表６－３参照）。繰り返しになりますが，編成にあたっては自分たちの園の保育理念を確認すること，その理念を規定するものが関連する法規です。それらの子どもに関連する法規を理解し，自分たちの保育に対する考え方を明確にすることです。と同時に，子どもの生活する場の実態を把握し，保育の目標や方針の共通理解を図ります。これらをふまえて子どもの発達の見通しの上にたち，保育の目標が達成されるように，それぞれの時期にふさわしいねらいと内容を盛り込みます。

図表６－３　保育課程の編成に関連する主な要因

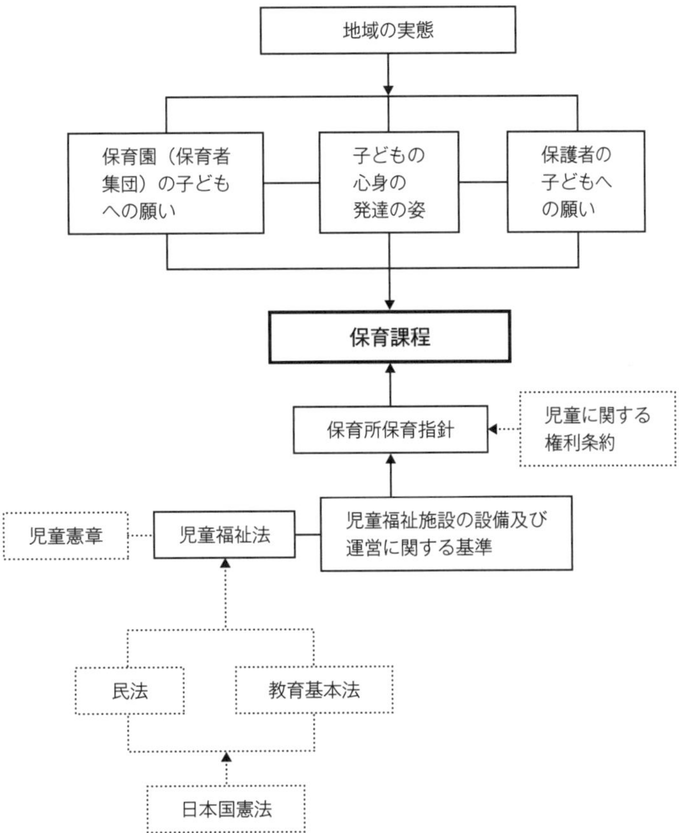

保育課程は，保育所に通うすべての子どもを対象として，その保育の目標が達成されるように配慮します。最長では６年間の育ちを見通したものになります。また，一度，編成したらそれで終わりではなく，子どもの実態やその他の要因などから実践が評価され，子どもの実態に即して修正されることもあります。

図表６－４は，以上の手順を経て編成された保育課程の例です。

保育課程は保育所の全生活を対象立案されるものですが，ここでは，２歳までの部分を例示しました。保育のねらいと内容は３，４，５歳と２歳の後に続きます。

図表6－4　保育過程（3歳未満を抜粋）

<table>
<tr><td colspan="2">保育理念</td><td colspan="3">考えや文化が異なる人同士でも，お互いにその考えや文化を尊重し合い，協働できる社会の創造のために
・人との関係の中で自分らしさを十分に発揮できる。
・人と心を分かち合うことを喜びとする。</td></tr>
<tr><td colspan="2">保育方針</td><td colspan="3">・子どもの自発性（興味・関心）を中心に生活をともにつくる。
・子どもの主体性，保育者も保護者も子どもに関わる人すべての主体性を尊重することを当たり前とする関わりを通して，子どもの発達を方向づける（生活の文化の伝承と創造）。</td></tr>
<tr><td colspan="2">保育の目標</td><td colspan="3">・子ども一人ひとりの安心できる場所がある（保育者が保障すること）。
・自分のしたいこと，できることを自分でしようとする。また，他の子のしようとすることも認める。
・生活に応じた行動の仕方を身に付ける。状況に応じて臨機応変に問題解決をしようとする。またする。</td></tr>
<tr><td colspan="2" rowspan="2">保育のねらい</td><td>0歳児</td><td>1歳児</td><td>2歳児</td></tr>
<tr><td>・安定した情緒のもとで直接に身体を使う。
・経験を豊かにする。
・人との関わりの中で自分の気持ちを表現しようとする。
・周囲への関心が芽生える。</td><td>・保育者との安定した関係の中で他の子の存在に気づく。
・みずからの気持ちを身振りや言葉で表現しようとする。
・身辺の生活が身に付き始める。</td><td>・他者との関わりの中で自己の存在を確立しようとする。
・もの－他者－自己の関係を認識し始める。
・ある程度の行動の予測をもって物事に意欲的に取り組む（結果的にできないことも多い）。</td></tr>
<tr><td rowspan="8">保育の内容</td><td>生命の保持</td><td>・一人ひとりの生活のリズムを大切にし，食欲，睡眠などの欲求を十分に満たす。</td><td>・一人ひとりの心身の発育状況を把握し，適切な生活リズムが獲得できるようにする。</td><td>・身の回りの清潔や安全習慣など，少しずつ身に付くようにする。</td></tr>
<tr><td>情緒の安定</td><td>・保育者に受け入れられながら安心して過ごす。</td><td>・特定の保育士との愛着関係が深まるように配慮する。</td><td>・保育者に受け入れられることで，安心して自己発揮する。</td></tr>
<tr><td>健康</td><td>・清潔にしてもらうことの心地よさを感じる。</td><td>・身の回りのことに興味をもち，自分でしようとする。</td><td>・身の回りのことに取り組み，できた喜びを味わう。</td></tr>
<tr><td>人間関係</td><td>・特定の保育士がわかり，後追いなどをする。</td><td>・保育士や友達に関心をもち，みずから関わろうとする。</td><td>・保育士や友達と関わる中で，相手に思いがあることや自分の思いに気づく。</td></tr>
<tr><td>環境</td><td>・身近なものに興味や関心をもち，見たり触れたりする。</td><td>・探索活動が盛んになるとともに，好きな玩具でじっくりと遊び込む。</td><td>・身近な環境に興味をもって関わり，様々なことに驚き行動を広げていく。</td></tr>
<tr><td>言語</td><td>・喃語や片ことに応えてもらったり，働きかけられたりすることで，意欲的に気持ちを伝えようとする。</td><td>・周囲とのやりとりの中で，声や言葉で気持ちをあらわそうとする。</td><td>・経験したことを言葉で表現しようとしたり，簡単な言葉のやりとりを楽しむ。</td></tr>
<tr><td>表現</td><td>・土や水など様々な素材に触れて感触を楽しむ。</td><td>・発見や驚き，喜びなどを言葉で表現しようとする。</td><td>・保育士や友達と自分なりのイメージをふくらませて楽しく遊ぶ。</td></tr>
<tr><td>食育</td><td>・お腹がすいたら泣く，また，喃語などでミルクや食べ物を催促する。
・食べることに興味をもつ。</td><td>・スプーンを使って自分で食べようとする。
・食材に興味をもつ。</td><td>・食べることを楽しむ。
・保育士の援助を受けながら，手洗いや挨拶など自分でしようとする。</td></tr>
<tr><td colspan="2">健康支援</td><td colspan="3">健康状態，発育発達状態の定期的継続的な把握，内科検診，歯科検診，異常が認められた時の適切な対応</td></tr>
<tr><td colspan="2">保健・安全</td><td colspan="3">施設内外の設備用具等の清拭及び消毒，安全管理及び自主点検</td></tr>
<tr><td colspan="2">安全対策・事故防止</td><td colspan="3">避難訓練（火災・地震・不審者対応など），消防署査察，消防点検，消火訓練，交通安全教室</td></tr>
<tr><td colspan="2">保護者・地域等への支援</td><td colspan="3">育児相談，園庭解放，子育て通信の発行，実習生受け入れ，職場体験・ボランティアの受け入れ</td></tr>
<tr><td colspan="2">地域等の行事への参加</td><td colspan="3">町会との交流（運動会への招待，夏祭りへの参加），老人ホーム訪問</td></tr>
<tr><td colspan="2">研修計画</td><td colspan="3">園内研修（年齢別学習会，気になる子どものカンファレンス），園外研修（全国，県，市の関連団体が主催する研修会）への参加と園内報告会の実施</td></tr>
<tr><td colspan="2">自己評価</td><td colspan="3">保育士の実践の振り返りサポート，保育士間の相互評価，第三者評価の実施</td></tr>
<tr><td colspan="2">その他園で力を入れている特色</td><td colspan="3"></td></tr>
</table>

⑵　指導計画とは―誰がどのようにつくるのか

保育課程だけでは実際の保育はできません。保育を展開するためには，保育課程を具体化した指導計画が必要になります。

指導計画は，保育課程に基づいて，保育目標や保育方針を具体化する実践計画です。指導計画は，具体的なねらいと内容，環境構成，予想される子どもの活動，保育士等の援助，家庭との連携などで構成されています（保育指針解説書　第４章（保育の計画及び評価））。

保育指針には，指導計画作成上の留意点が次のように書かれています。

> **ア　指導計画の作成**
>
> 指導計画の作成に当たっては，次の事項に留意しなければならない。
>
> ㈠　保育課程に基づき，子どもの生活や発達を見通した長期的な指導計画と，それに関連しながら，より具体的な子どもの日々の生活に即した短期的な指導計画を作成して，保育が適切に展開されるようにすること。
>
> ㈡　子ども一人一人の発達過程や状況を十分に踏まえること。
>
> ㈢　保育所の生活における子どもの発達過程を見通し，生活の連続性，季節の変化などを考慮し，子どもの実態に即した具体的なねらい及び内容を設定すること。
>
> ㈣　具体的なねらいが達成されるよう，子どもの生活する姿や発想を大切にして適切な環境を構成し，子どもが主体的に活動できるようにすること。
>
> 第４章（保育の計画及び評価）の１の⑵「指導計画」

以上から，指導計画には長期のものと短期のものがあることがわかります。これらから，保育課程と指導計画の関係は，図表６－５のようになります。

図表６－５　「保育課程」と「指導計画」の関係

具体化の方向 →

〈保育課程〉

- 保育理念
- 保育の目標
- 子どもの育ちの見通し　など

→

〈長期の指導計画〉

年間指導指導計画
- 保育の目標
- 子どもの姿やねらい
- 保育の内容・環境の構成
- 地域・家庭とのつながり
- 季節や保育所の行事

期間指導計画

→

〈短期の指導計画〉

月間指導計画（月案）
- 前月の子どもの姿
- 今月のねらい（その月の目指す方向）と予想される子どもの活動
- 援助・配慮事項（個別の配慮）
- 環境の構成
- 保護者や地域との関わり
- 職員間のチームワーク
- 振り返り（評価）

週案

日案

2 実際に書いてみよう！ 年間指導計画，月間指導計画の作成例とポイント

図表６－５に整理したように，指導計画には年間指導計画，期間指導計画，月間指導計画（月案）週案，日案などがあります。そして指導計画は，対象とする期間が短くなるほどに具体的に作成されます。

(1) 年間指導計画作成の実際

年間指導計画は，保育課程に基づき，前年度の終わり（おおよそ２～３月ごろ）に園全体で立案するのが一般的です。今年１年間の子どもたちの育ちの姿や保育のあり方などを振り返り，次の年の１年間の指導計画を作成します。したがって，年間指導計画は年単位での保育を考えることになります。そのようにしてでき上がったものが図表６－６（ひばり組・２歳児）です。

保育課程と２歳児（ひばり組）の年間指導計画の関係を表したものが図表６－５になります。来年２歳になる子どもたちの１歳児クラスでの育ちを総括し，保育課程に示されている２歳児のねらいを修正する必要がなければ，それが２歳児の１年間の保育のねらいとなります。

ねらいが決まったら，そのねらいの達成に向けて１年間をいくつかの期間に区切ります。この園では１期から４期に分けて，年間のねらいを達成するためのそれぞれの期間のねらいが書き込まれています。それぞれの期のねらいを達成するための保育の内容・環境構成・予想される子どもの姿・保育者の関わりなど，保育課程における保育の内容や昨年度の１歳児クラスでの子どもとの生活のあり方等を参考に計画します。保育指針には次のように留意すべき事項が書かれています。

> **(3) 指導計画の作成上，特に留意すべき事項**
>
> 指導計画の作成に当たっては，第２章（子どもの発達），前章（保育の内容）及びその他の関連する章に示された事項を踏まえ，特に次の事項に留意しなければならない。
>
> ア　発達過程に応じた保育
>
> (ア) ３歳未満児については，一人一人の子どもの生育歴，心身の発達，活動の実態等に即して，個別的な計画を作成すること。
>
> (ウ) 異年齢で構成される組やグループでの保育においては，一人一人の子どもの生活や経験，発達過程などを把握し，適切な援助や環境構成ができるよう配慮すること。
>
> イ　長時間にわたる保育
>
> 長時間にわたる保育については，子どもの発達過程，生活のリズム及び心身の状態に十分配慮して，保育の内容や方法，職員の協力体制，家庭との連携などを指導計画に位置付けること。
>
> 第４章　保育の計画及び評価(3)指導計画作成上，特に留意すべき事項より関連部分抜粋

図表6－6　ひばり組（2歳児）の年間指導計画と保育課程の関係

保育理念		考えや文化が異なる人同士でも，お互いにその考えや文化を尊重し合い，協働できる社会の創造のために ・人との関係の中で自分らしさを十分に発揮できる。 ・人と心を分かち合うことを喜びとする。
保育方針		・子どもの自発性（興味・関心）を中心に生活をともにつくる。 ・子どもの主体性，保育者も保護者も子どもに関わる人すべての主体性を尊重することを当たり前とする関わりを通して，子どもの発達を方向づける（生活の文化の伝承と創造）。
保育の目標		・子ども一人ひとりの安心できる場所がある（保育者が保障すること）。 ・自分のしたいこと，できることを自分でしようとする。また，他の子のしようとすることも認める。 ・生活に応じた行動の仕方を身に付ける。状況に応じて臨機応変に問題解決をしようとする。またする。
保育のねらい（2歳児）		・他者との関わりの中で自己の存在を確立しようとする。 ・もの－他者－自己の関係を認識し始める。 ・ある程度の行動の予測をもって物事に意欲的に取り組む（結果的にできないことも多い）。
保育の内容	生命の保持	・身の回りの清潔や安全習慣など少しずつ身に付くようにする。
	情緒の安定	・保育者に受け入れられることで安心して自己発揮する。
	健康	・身の回りのことに取り組みできた喜びを味わう。
	人間関係	・保育士や友達と関わる中で，相手に思いがあることや自分の思いに気づく。
	環境	・身近な環境に興味をもって関わり，さまざまなことに驚き行動を広げていく。
	言語	・経験したことを言葉で表現しようとしたり，簡単なことばのやり取りを楽しむ。
	表現	・保育士や友達と自分なりのイメージを膨らませて楽しく遊ぶ。
	食育	・食べることを楽しむ。 ・保育士の援助を受けながら，手洗いや挨拶など自分でしようとする。

※保育理念，保育方針，保育目標は，6年間で達成することをめざすものです。
保育のねらいと保育の内容が2歳児クラスのものとなります。

年間目標	・他者との関わりの中で自己の存在を確立しようとする。 ・もの―他者―自己の関係を認識し始める。 ・ある程度の行動の予測を持って物事に意欲的に取り組む（結果的にできないことも多い）。	子育て支援	家庭	・保護者との信頼関係を築き，子どもの成長の喜びを共有する。
			地域	・園庭解放や子育て支援を通して地域の子育てを支援する。

期	1期（4月～6月）	2期（7月～9月）	3期（10月～12月）	4期（1月～2月）
ねらい	・新しい場や保育者・友達に慣れ，喜んで園生活を送る。 ・保育者と一緒に，全身や手指を使う遊びを楽しみながら関係を深める。	・一日の生活の流れが分かり意欲的にすごす。 ・好きな遊びを見つけ一人で遊んだり，保育者と一緒に遊ぶ。 ・水遊びなど夏ならではの遊びを楽しむ。	省略	省略
内容	・不安や要求を受けとめ，安心して自分の気持ちを表せるように援助する。 ・保護者の意向を汲んだり，一人ひとりの子どもの生活のリズムを把握したうえで生活を組み立てる。 ・保育者と一緒に音楽に合わせて体操したり，好きな遊びを楽しむ。	省略	省略	省略
環境構成	・場所や持ち物の位置が分かるように一人ひとりのマークを用意する。 ・好きな遊びが楽しめるように，子どもの興味に応じた玩具を用意する。 ・子どものペースで行動できるように時間にゆとりをもたせる。	省略	省略	省略
予想される子どもの活動	・新入園児だけでなく，進級児も不安になり保育者を求める。 ・なじみのある玩具や保育者との関わりを通して新しい保育室に慣れていく。 ・保育者と一緒に遊んだり，トイレに誘われていく。 ・子ども同士で玩具の取り合いもするが好きな玩具で遊ぶ。	省略	省略	省略
保育者の関わり	・一人ひとりの不安な気持ちや要求を受け入れ，信頼関係を築くように関わる。 ・一人ひとりの要求に応えながら興味・関心を理解し，より遊びが発展するように関わる。 ・安全に配慮し，危険がないように見守る。 ・慣れ親しんでいる手遊びや歌などを一緒に歌うとともに，発達や興味に合わせた手遊び・歌・絵本・紙芝居を読む。	省略	省略	省略

(2) 月案作成の実際

年間指導計画が立案されたら，今度は月案の作成になります。月案は，例えば４月の月案は３月に立てることになります。３月は，年間指導計画や４月の月案の作成をすることになります。月案は，１歳児クラスでの３月の子どもの姿や保育の振り返り，さらには年間指導計画や保育課程との関連で立案することになります。

指導計画と実践の関係を整理すると，図表６－７のようになります。この図にしたがって，月案の作成を考えていくことにします。

図表６－７　計画と実践の関係

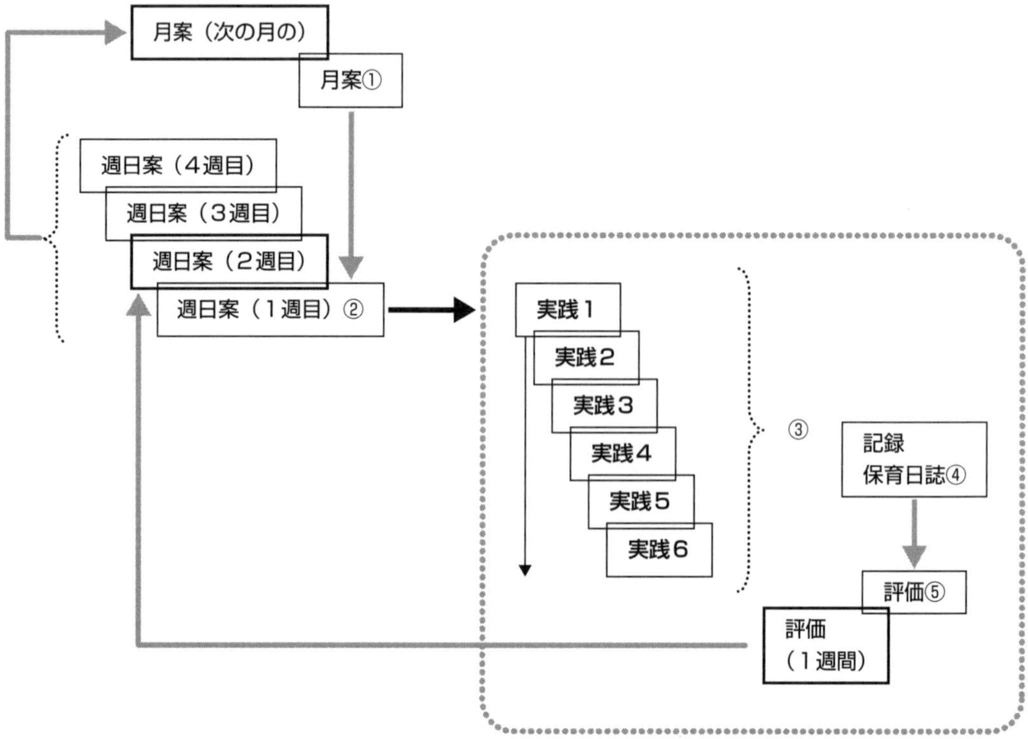

５月の月案（図表６－７中の①）に基づいて５月の第一週の週日案（図表６－７中②）が作成され，日々の保育はこれをもとに実践されます。１週間の保育実践は，図表６－７中の点線四角の部分です。日々の保育は実践→記録（保育日誌）→評価が繰り返され，次の日の保育に生かされていきます。

１週目の終わりに今週の保育を振り返り（日々の記録をもとに１週間を振り返る―評価１週間），そして，第２週目の週日案を作成するという手順になります。

このようにみてくると，計画と実践をつなぐものは「記録（保育日誌）」ということになります。この記録を通して今日の保育を振り返り，明日に備えるということになります。

図表６－８は保育日誌の抜粋（子どもの姿の部分のみ）です。この図表は，計画と実践のつながりをみるため，４月の子どもの姿（４月の実際の保育者が捉えた子どもの姿であり，この子どもの姿をもとにして）から５月のねらいが定まる過程が，わかりやすいように５月のねらいも入れ込んであります。実際の日々の保育日誌には，前月の子どもの姿や今月のねらいが書かれることはあまりありません。図表６－10のように週日案と一緒に記入されることが多いようです。また，３歳未満の子どもたちについては，個人差が著しいことなどから，個人の記録も書くことになります。一人ひとりの育ちや，家庭の状況などを配慮した関わりが重要になるからです。

月案は，図表６－７中の①(今月の月案)をもとに，②から⑤を繰り返し，その月の評価をもとに，次の月のねらいを設定することになります。もちろん，年間指導計画のこの月の期間のねらいや，内容との関連も考えることになります。それらに照らし合わせて，修正部分があれば修正することになります。こうして作成されたのが，図表６－９のひばり組６月の指導計画です。

図表６－８　５月の日誌の抜粋

４月の子どもの姿	・ひばり組に進級し，新しい環境での生活に慣れずに登園時に泣く子もいたが，保育者に誘われたりして，なじみのある遊具で遊び始めると笑顔になり，自然に慣れていった。 ・保育室内の自分の場所（靴入れ，ロッカー，ベッド，いすなど）は，毎日の生活の中で理解してきている。また，新入園児のマークなどにも気づいて教えてあげている姿もみられる。 ・園庭では，滑り台，鉄棒，アスレチックなど体を動かす遊びに興味をもって遊んでいる。室内では，ままごとコーナーでの振り遊びが展開する中で，友達とのやり取りもみられる。
５月のねらい	・梅雨時の健康・安全に配慮しながら，快適に生活できるようにする。 ・身の回りのことを自分でしようとする。 ・好きな遊びを十分に楽しむ。 ・保育者や友達と一緒に身近な自然に触れたり戸外でのびのびと体を動かして遊ぶ。
日（抜粋）	**５月の保育日誌（抜粋）　　在籍：14名**
５月６日 出席：11名	みんなゆっくり目の登園だったが，連休はそれぞれに楽しかったようでよい表情での登園だった。園庭では三輪車，砂場と大きくは，２つのグループに分かれて遊んでいた。月齢の高い子は友達と一緒にという気持ちが強く固まって遊んでいるが取り合いもしばしば起きる。
５月９日 出席：13名	園庭に出るとすぐにジャングルジムに登る子，裸足になって砂場で遊ぶ子，三輪車で遊ぶなどそれぞれに遊ぶ。２から３人，または３から４人で固まって遊んでいる。同じことをするということが楽しい様子であるが取り合いもしばしば起きる。
５月11日 出席：12名	朝から雨，給食室から「ソラマメの皮むき」の依頼があったので，テーブルに出しおく。目ざとく見つけたＡが「やる」とさっそくむき始める。それにつられて他の子も寄って来て皮むきをする。なかなか皮から出てこないので，すぐやめてもとの遊びに戻ったＣ以外は全員最後までお手伝いをした。午後はホールで体を動かして遊ぶ。
５月16日 出席14名	鼻水が出ている子が多いが久しぶりに全出席。週明けであり夜も遅いという生活リズムもあるせいか，イライラしている姿もみられ押しのけたりとトラブルも多かったので，一人ひとりが好きな遊びを十分にできるように空間を区切った。それから，２，３人ずつ予定していた枝豆の種まきをした。落ち着いて追の中に種を埋めることができた。それから園庭で追いかけっこをした。
５月19日 出席：14名	朝，教具（カラーステップ・パズルボール），マグネットボードを用意しておくと，それを見つけた子が取り組んでいる。昨日より登園が早かったので，ゆっくりと室内遊びをしてから外遊びをした。園庭ではアスレチック，滑り台などで遊んでいる。砂場に大きな山を作っておくと，見つけてそれをよじ登ったり穴に足を入れたりして遊ぶ。山を作るところにはあまり興味を示さないが，完成した後に寄ってくる。
５月24日 出席：13名	朝から雨，クレヨンを用意しておくと，登園してスケッチブックに絵を描いて遊び始める。ＨやＥも誘うと描き始め楽しそうである。みんな揃ったところでホールでトンネル，平均台，はしご，マットからジャンプ，などのサーキット遊びをした。ルールがあることで楽しさが半減したのか20から30分で興味がなくなったので，走り回る遊びに切り替えて思いっきり体を動かして遊んだ。
５月31日 出席：14名	朝の登園が遅めで時間が重なったためか，ままごとがやりたい子が多くトラブルになることが多かった。登園が遅いとなかなか自分の遊びが十分にできなくて，スキンシップを求めてくる子が多かったので，３，４人の子を保育者の足の上に乗って船に乗って買い物に行ったりして遊んだ。

図表６－９　ひばり組６月の月案

<table>
<tr><td colspan="2">ねらい</td><td colspan="2">・梅雨時の健康，安全に配慮しながら一人ひとりが快適に生活できるようにする。
・保育者に見守られながら身の回りのことを自分でしようとする。
・保育者や友達と一緒にやりたい遊びや自分の好きな遊びを十分にする。</td><td rowspan="2">家庭との連携
・梅雨時は感染症や食中毒が発生しやすい時なので，子どもの健康状態を綿密に伝え合う。
・「自分で」と言ったかと思うと「やって」と言うなどこの時期の育ちについて話し合う。
・汗をかきやすいので多めに衣類を用意するようお願いする。</td></tr>
<tr><td colspan="2">養護の側面</td><td colspan="2">・家庭と連携しながら，子ども一人ひとりの体調や機嫌など健康状態を把握し，快適に過ごせるようにする。
・一人ひとりの「自分でしたいという気持ち」を受けとめ，自分でしようとする意欲を大切にする。</td></tr>
<tr><td colspan="2"></td><td>子どもの姿・保育の内容</td><td>環境構成のポイント</td><td>保育者の援助・配慮</td></tr>
<tr><td rowspan="5">生活</td><td>食事</td><td>・保育者に励まされたり，友達の食べる様子をみて嫌いなものでも少し食べてみる。</td><td rowspan="5">・友達と一緒に楽しく食事ができるようにテーブルの配置など工夫する。
・トイレは明るく清潔な雰囲気にする。
・気温や湿度に配慮し掛けタオルケットなどで調節する。
・パンツやズボンは脱ぎ着しやすいものを用意する。
・石鹸，ペーパータオルを子どもが取りだしやすい位置に設置する。
・コップ・歯ブラシの消毒ケースは取り出しやすい場所に設置する。</td><td rowspan="5">・保育者も一緒に食事しながら，「先生，ニンジン大好き」など，声をかけ食べてみようとする気持ちがもてるようにする。
・自分から尿意を伝えてトイレでできた時は自信がもてるようにほめる。
・一人ひとりの睡眠時の癖など把握し安心して眠れるようにそばに付く。
・子どもが着やすいようにさりげなく援助をする。
・汗をかいた時は，着替えようとする気持ちがわくように声をかけ手伝う。
・保育者が一緒にしながら歯みがきやうがいの仕方を知らせる。</td></tr>
<tr><td>排泄</td><td>・自分から尿意を知らせたり，促されてトイレに行き保育者に見守られながら排尿する。</td></tr>
<tr><td>睡眠</td><td>・保育者にトントンしてもらいながら気持ちよく眠る。</td></tr>
<tr><td>着脱</td><td>・パンツやズボンの着脱を自分でしようとする。</td></tr>
<tr><td>清潔</td><td>・保育者と一緒に手洗いをする。
・食後の歯みがきを保育者と一緒にする。</td></tr>
<tr><td rowspan="5">遊び</td><td>健康</td><td>・保育者や友達と一緒に好きな遊びを楽しむ。また追いかけっこなどをして遊ぶ。</td><td rowspan="5">・一人ひとりの子どもが好きな遊びを見つけて遊び込めるようにそれぞれの興味関心に沿った玩具を用意する。また，場を設定する。
・園庭では水・砂・土で遊べるように道具を用意する。
・子どもの発達過程に合わせたあるいは関心のありそうな絵本を用意するとともに落ち着きのある場も用意する。
・ままごとコーナーの玩具を充実させるとともに，発展しやすいように仕切りなども用意する。</td><td rowspan="5">・自分から進んで好きな遊びを見つけて遊べるように見守る。
・保育者が一緒に遊びながら，友達と一緒に遊ぶことの楽しさを伝える。トラブルにはお互いの気持ちが調整されるように受け止めながら解決の方法を伝えていく。
・遊びの後は汗を流すなど清潔に気をつける。また，小動物に触れた後は手洗いに気をつける。
・身近に経験した草花や小動物の出てくる絵本など，言葉の響きや繰り返しのおもしろさが味わえるように読む。
・子どもの好きな歌や季節の歌を一緒に歌ったり動作したりする。</td></tr>
<tr><td>人間関係</td><td>・保育者や友達と一緒にカエルになったりして見立て遊びをする。</td></tr>
<tr><td>環境</td><td>・園庭の草花や小動物を見たり触れたり，保育者と一緒に餌をやる。水・砂・土で遊ぶ。</td></tr>
<tr><td>言葉</td><td>・絵本や紙芝居を読んでもらったり，自分で見たりする。</td></tr>
<tr><td>表現</td><td>・保育者や友達と一緒に歌ったり手遊びしたり体を動かして遊ぶ。</td></tr>
<tr><td colspan="2">健康・安全</td><td colspan="3">省略</td></tr>
</table>

(3)　週日案作成の実際

図表６－10は，ひばり組６月第１週の週（日）案です。

５月の最後の週の子どもの姿を整理したもの（下記２点）が，「前週の子どもの姿」の欄に書き込まれます。

・新しいクラスでの生活の流れも理解でき，自分の身の回りのことに興味を示しやってみようとする姿がみられる。

・自分の好きな遊びを見つけて遊ぶとともに，子ども同士で同じような遊びを２～３人ですることも多くなって来ている。

この子どもの姿と，下記の６月のねらい（図表６－９：月案参照）が，かけ離れたものになっていないことが大切です。

・梅雨時の健康，安全に配慮しながら一人ひとりが快適に生活できるようにする。

・保育者に見守られながら身の回りのことを自分でしようとする。

・保育者や友達と一緒にやりたい遊びや自分の好きな遊びを十分にする。

ひばり組の６月の第１週のねらいは，次のように定められました。

・気候の変化に配慮しながら健康で安全に過ごせるようにする。
・保育者に見守られたり，手伝ってもらったりしながら身の回りのことに自分から取り組む。
・保育者に見守られたり，一緒に遊んだりしながら友達と楽しく遊ぶ。

このねらいの達成のための主な内容は生活と遊びの面から以下のように計画されました。

○生活の流れの理解とそれぞれの動作を保育者に手伝ってもらいながら自分でしようとする。

・靴を脱ぐ―下駄箱に片づける―帽子をかごに入れる―Ｔシャツとズボンを脱ぐ―汚れものを自分のロッカーに入れる。
・トイレに行く―排泄―トイレットペーパーで拭く―流す。
・手を石けんで洗う―タオルで拭く。
・自分の着替えを出す―着替える。
・食事―エプロンをつける―食べる―おしぼりで口を拭く―エプロンを取る―食器をお盆の上に片づける。
・歯みがきをする―うがいをする。

○保育者に見守られて，または保育者と一緒に，友達と一緒に遊ぶ。

・園庭の砂場，ジャングルジム，三輪車で思い思いに遊ぶ。
・砂場で保育者と一緒に砂山などを作って遊ぶ。
・ままごと，ブロック，積み木，お絵描きコーナーなどで思い思いに遊ぶ。また，友達と一緒に遊ぶ。
・少人数に分かれて散歩に出かける。

これを週日案として表したものが図表６－10です。

図表6－10　ひばり組6月第1週の週（日）案

<table>
<tr><td>前の週の子どもの姿</td><td>・新しいクラスでの生活の流れも理解でき，自分の身の回りのことに興味を示しやってみようとする姿がみられる。
・自分の好きな遊びを見つけて遊ぶとともに，子ども同士で同じような遊びを2～3人ですることも多くなってきている。</td><td>週のねらい</td><td>・気候の変化に配慮しながら健康で安全に過ごせるようにする。
・保育者に見守られたり，手伝ってもらったりしながら身の回りのことに自分から取り組む。
・保育者に見守られたり，一緒に遊んだりしながら友達と楽しく遊ぶ。</td><td>家庭との連携</td><td colspan="2">・体調を崩しやすい時期なので健康状態など十分に伝え合う。
・身の回りのことなど子どもがやりたがる時にはゆとりをもって待つことの意味を確認し合う。
・着替え用の衣類など多めに用意してもらう。</td></tr>
<tr><td>週を通した内容</td><td colspan="6">○生活の流れの理解とそれぞれの動作を保育者に手伝ってもらいながら自分でしようとする。
・靴を脱ぐ―下駄箱に片づける―帽子をかごに入れる―Tシャツとズボンを脱ぐ―汚れものを自分のロッカーに入れる。
・トイレに行く―排泄―トイレットペーパーで拭く―流す。
・手を石けんで洗う―タオルで拭く。
・自分の着替えを出す―着替える。
・食事―エプロンをつける―食べる―おしぼりで口を拭く―エプロンを取る―食器をお盆の上に片づける。
・歯磨きをする―うがいをする。
○保育者に見守られて，または保育者と一緒に友達と一緒に遊ぶ。
・園庭の砂場，ジャングルジム，三輪車で思い思いに遊ぶ。
・砂場で保育者と一緒に砂山などを作って遊ぶ。
・ままごと，ブロック，積み木，お絵描きコーナーなどで思い思いに遊ぶ。また，友達と一緒に遊ぶ。
・少人数に分かれて散歩に出かける。</td></tr>
<tr><td>振り返りの視点</td><td colspan="6">・できないところを手伝ってもらいながら自分でしようとしたか。そのために保育者はそのための時間を十分に確保したか。
・好きな遊びを十分に楽しんでいたか。また，友達と同じ遊びをしたいという欲求が満足できるような環境を構成できたか。
・子ども同士のトラブルへの対応は，お互いの気持ちを受け入れ，その場の解決だけではなく，トラブルの経験の意味を考えて対応したか。
・一人ひとりの体調に留意し，健康で安定した生活ができるように配慮したか。</td></tr>
<tr><td rowspan="2">保育日誌</td><td>6月○日(月)</td><td>6月○日(火)</td><td>6月○日(水)</td><td>6月○日(木)</td><td>6月○日(金)</td><td>6月○日(土)</td></tr>
<tr><td>朝から雨。
室内遊び（コーナーでの遊びのほか，パズル，ひも通し，大型積み木など）をしながら，遊びを見計らって2から3人をにじみ絵の具に誘った。他の子もやりたいと興味を示した。コーナーでの遊びは，ものや場所の取り合いで，手が出てしまうことが多かった。その都度，お互いの使いたい気持ちを言葉にして伝え，借り方や断り方を伝えるが，気が治まらないこともあり，落ち着かない一日だった。</td><td></td><td></td><td></td><td></td><td></td></tr>
</table>

週日案というと，「内容の欄」には1週間の日にちが書き込まれて，その日に何をするのかということが書き込まれたものが多いのですが，この週日案に記載されているのは1週間のうちに経験したい内容であり，その内容はどの日にどのような内容で経験してもよいことになっています。

この形式は，子どもの自発性や主体性を尊重したり，6月というように天候が不順だったりした時に，臨機応変に対応できます。つまり，保育を1日単位で考えるのではなく1週間単位で考えるということで，子どもの気持ちや欲求を受け入れて生活を組み立てやすくなります。この1週間単位の保育は，保育者に子ども一人ひとりをよく理解することを要求します。

さらに，振り返りの視点を記入しています。1日の実践の評価を最低でもこの視点をもって保育するということです。この評価の視点は週のねらいと対応しています。したがって，保育日誌も，子どものエピソードや保育者のやり取りを具体的に書いておくことが必要になります。

3 「子どもの最善」を目指そう！ 計画─実践─評価─計画の修正の環における記録

これまでも述べたように，保育は子どもの興味・関心や育ちの姿をもとに，どのように育ってほしいのかという目標やねらいをもち，その方向に向けてどのような内容が望ましいのかを考えて計画し，それに添って実践することになります。

気をつけなければならないことは，子どもがこう育ちたいと直接に表現することが難しいことです。保育の目標は，保育者が子どもと共に生活する中で，その姿から子どもの願いを読み取って，保育者自身や子どもを取り巻く周囲の人々の願いをもとに立てられたものです。

そして，保育の日々は，子どもとの生活の当事者として，時々の出来事の只中にいながら営まれています。それは，意識しないと出来事の連なりとして日々過ぎ去って行きます。

保育は，子どもとの関わりの当事者として子どもと共になければ成り立ちませんし，また，その中だけにいては「子どもの最善」について客観的に考えることができません。その出来事が子どもにとってどのような意味をもつのかを考えるために，日々の出来事をその流れの中からすくい取り，意識に上らせなければなりません。それが，日々の保育の只中から離れて「記録」することで可能になります。

先の月案の作成を考える上で使用した計画と実践の関係（図表６－７）を，週（日）案ように作りなおしたのが図表６－11です。

図表６－11　週日案→実践→記録→評価…週日案の環

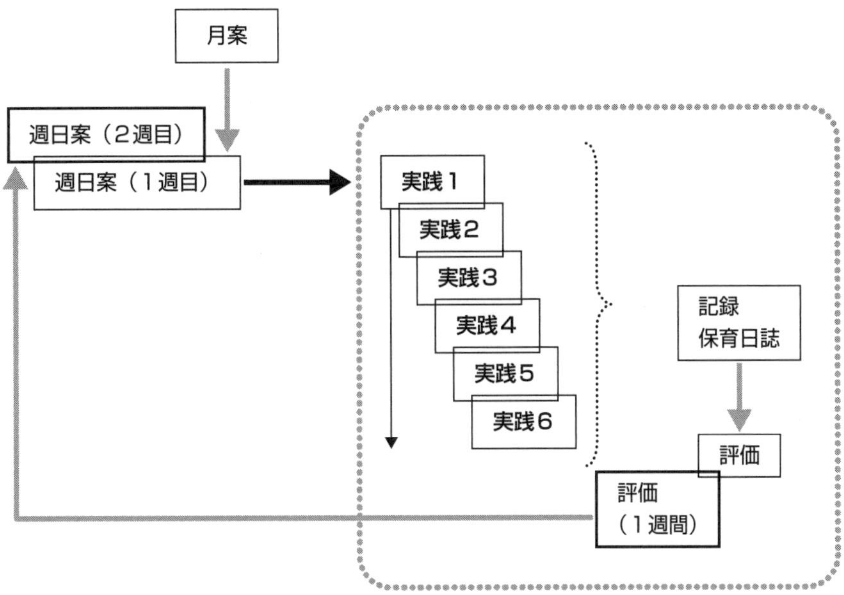

記録は，週（日）案をもとに日々の実践（実践１～６）を保育日誌に記録します。この１週間分の記録をもとに，今週の保育を振り返ります。

振り返りの視点の例として，以下のような点があげられます。

① 子どもたちの生活(遊びも含めた広義の)は，どうだったか。充実した生活だったのかどうか。

② 計画された生活のための準備や保育者間の連携はどうだったか。

③ 今週のねらいは達成されたのかどうか。

・達成されなかった場合，そのねらいが妥当であったのかどうか。

・おおむね達成されたとしたら，子どもはそこで何を経験（発達経験）したのか。

④ 子どもとの生活の仕方（保育の方法）が，子どもの主体性を尊重したものだったかどうか。

⑤ 子どもとの生活（保育内容）を組み立てる上で，保護者との連携をどのようにしたのか。

以上のような視点で保育を振り返るとしたら，保育日誌は，その視点が盛り込まれた記録でなければなりません。事実の羅列だけでは，振り返りが浅いものになってしまいます。

例えば，図表６－10の６月の第１週のねらいの一つに「保育者に見守られながら一緒に遊んだりしながら友達と楽しく遊ぶ」を，園庭で遊ぶ内容を通して振り返ってみます。

この日の日誌を整理してみると，子どもたちが何でどのように遊んでいるのかがわかります(図表６－12)。さらに，砂場と滑り台には保育者は一緒にいます。そして，適宜対応していますが，三輪車は動き回るということもあったか，保育者からの働きかけ（図中の点線楕円部分）がありません。

図表６－12　保育日誌の整理（園庭での遊び）

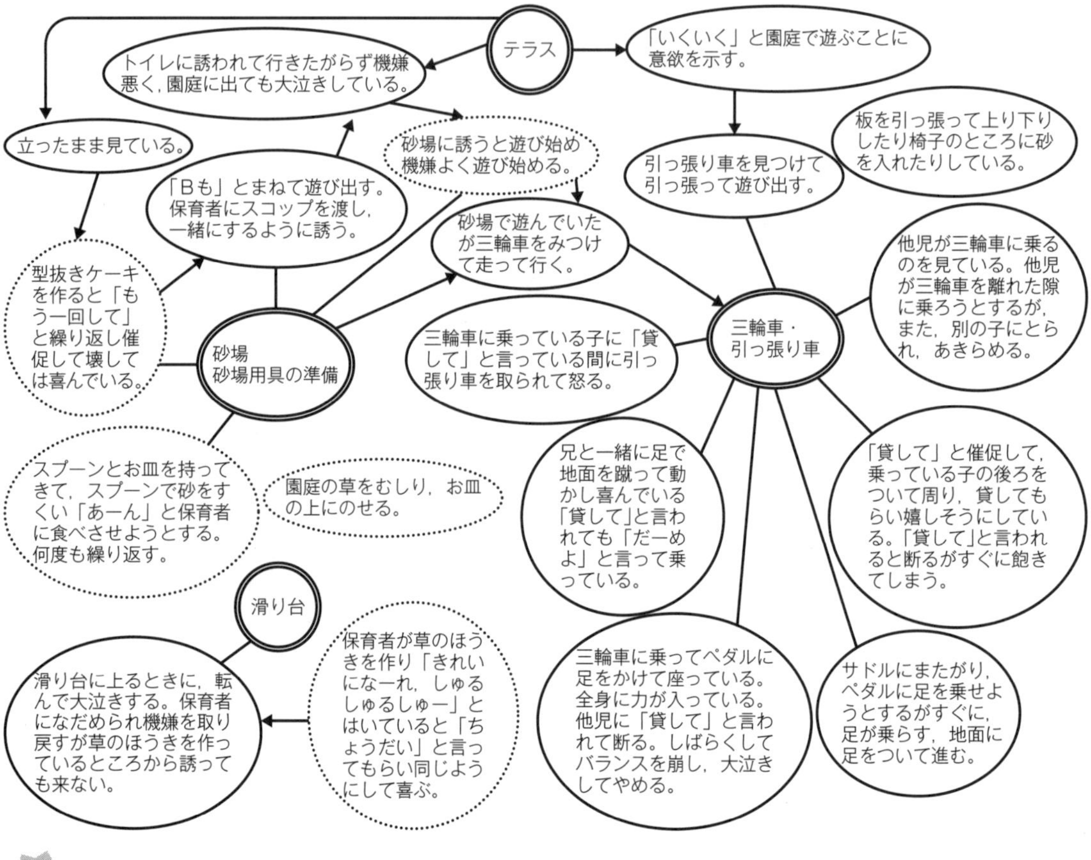

記録からは，三輪車をめぐってかなり友達との関わりがあり，トラブルも多いようです。

２歳という年齢から，保育のねらいにあるように「保育者に見守られながら」とか「一緒に遊んだりしながら」というように，保育者が側にいることで「友達と仲良く遊ぶ」ことへの過程を経験することが重要になります。三輪車をめぐるトラブルに，保育者がそのように関わるかということ（関わらないで見守る）が，この時期の重要な保育の内容になります。

もちろん，記録されているということは，見守っていたということになりますが，振り返りは，この場合の見守りは妥当だったかどうかを検討することになります。あるいは，１週間を通して，保育者の関わりがどのようになったのかなかったのかなどが検討されて，次の週の配慮点として整理されることになります。

毎日記録されたものを，図表６－12のように整理することは容易ではありませんが，必要に応じて点検することが，保育を意識化する上でも重要になります。それが，「子どもにとっての最善」につながり，保育の質の向上につながります。また，日々の保育を他者に説明する上でも大切な作業になります。

Ⅶ章 快適な環境づくりの決定版マップ

1 写真でチェック！ 生活の拠点を意識した保育室の空間デザイン

(1) 保育環境を構成する４つのポイント

保育所保育指針では，保育の目標として「子どもが生涯にわたる人間形成にとって極めて重要な時期に，その生活時間の大半を過ごす場である。このため，保育所の保育は，子どもが現在を最も良く生き，望ましい未来をつくり出す力の基礎を培うために，次の目標を目指して行わなければならない」とし，次の目標を上げています。

> (1) **保育の目標**
>
> (ア) 十分に養護の行き届いた環境の下に，くつろいだ雰囲気の中で子どもの様々な欲求を満たし，生命の保持及び情緒の安定を図ること。
>
> (イ) 健康，安全など生活に必要な基本的な習慣や態度を養い，心身の健康の基礎を培うこと。
>
> (ウ) 人との関わりの中で，人に対する愛情と信頼感，そして人権を大切にする心を育てるとともに，自主，自立及び協調の態度を養い，道徳性の芽生えを培うこと。
>
> (エ) 生命，自然及び社会の事象についての興味や関心を育て，それらに対する豊かな心情や思考力の芽生えを培うこと。
>
> (オ) 生活の中で，言葉への興味や関心を育て，話したり，聞いたり，相手の話を理解しようとするなど，言葉の豊かさを養うこと。
>
> (カ) 様々な体験を通して，豊かな感性や表現力を育み，創造性の芽生えを培うこと。
>
> 第１章（総則）の３（保育の原理）の(1)「保育の目標」より

そして，その目標を目指す方法として次のように続けています。

> ア　一人一人の子どもの状況や家庭及び地域社会での生活の実態を把握するとともに，子どもが安心感と信頼感を持って活動できるよう，子どもの主体としての思いや願いを受け止めること。
>
> イ　子どもの生活リズムを大切にし，健康，安全で情緒の安定した生活ができる環境や，自己を十分に発揮できる環境を整えること。
>
> ウ　子どもの発達について理解し，一人一人の発達過程に応じて保育すること。その際，子どもの個人差に十分配慮すること。
>
> エ　子ども相互の関係作りや互いに尊重する心を大切にし，集団における活動を効果あるものにす

るよう援助すること。

オ　子どもが自発的，意欲的に関われるような環境を構成し，子どもの主体的な活動や子ども相互の関わりを大切にすること。特に，乳幼児期にふさわしい体験が得られるように，生活や遊びを通して総合的に保育すること。

第１章（総則）の３（保育の原理）の⑵「保育の方法」より

＊下線は筆者

以上のア～オに述べられている保育の方法は，一つは保育者が子どもの発達過程を理解し，子ども相互の関係づくりやその集団活動を通して働きかけることとしています。もう一つは，安定・安全な環境と，子どもが自ら意欲的に関われる環境の構成を通して働きかけることとしています。

このような保育の方法を支えるものとして，子どもを「主体としての思いや願いを持った存在」として捉えています。主体としての思いや願いを持った子どもが，その思いが十分に発揮され，乳幼児期にふさわしい体験が得られるよう生活や遊びを通して保育することが保育所における保育だと述べています。

さらに，保育の環境について次のように述べています。

保育の環境には，保育士等や子どもなどの人的環境，施設や遊具などの物的環境，更には自然や社会の事象などがある。保育所は，こうした人，物，場などの環境が相互に関連し合い，子どもの生活が豊かなものとなるよう，次の事項に留意しつつ，計画的に環境を構成し，工夫して保育しなければならない。

ア　子ども自らが環境に関わり，自発的に活動し，様々な経験を積んでいくことができるよう配慮すること。

イ　子どもの活動が豊かに展開されるよう，保育所の設備や環境を整え，保育所の保健的環境や安全の確保などに努めること。

ウ　保育室は，温かな親しみとくつろぎの場となるとともに，生き生きと活動できる場となるように配慮すること。

エ　子どもが人と関わる力を育てていくため，子ども自らが周囲の子どもや大人と関わっていくことができる環境を整えること。

第１章（総則）の３（保育の原理）の⑶「保育の環境」

以上から，保育所における環境は，①子どもの自発性を尊重した環境づくり，②安全で保健的な環境，③安心でき，存分に自己発揮できる環境，④子どもが自発的に人と関わっていくことが可能な環境づくり，という４つのポイントを考慮して環境を構成することになります。そして，環境は「人，もの，場などの環境が相互に関連し合い」とあるように，場の雰囲気をつくり出す要となるのが，保育者自身の存在です。

(2) 環境としての保育者

保育所は，そこにいる子どもの生活の場所です。子どもはその多くの時間を保育室で過ごすことになり，そこでの日常に繰り返される生活の一コマ一コマの中で様々な経験をしています。長時間に渡る保育所の生活は，保育者が意識した行為ばかりではなく，無意識的な行為もあります。そのすべてを含めて環境としての保育者ということになります。この点から保育者を考えると，次のようになります。

① 保育者は，存在するだけでも子どもたちに大きな影響を与えます。例えば，着用している服（ジャージー姿，動きやすさを考えたキュロットスカート，洋服の色合い，エプロンをつけている，つけていないなど）で，保育者自身の行動が規定されることもあります。ジャージー姿の時の動きと，スカート着用の時の動きはおのずと異なってくると考えられます。

② 保育者の振る舞い（ゆっくりとした動き，テキパキとしたなど），語り（話し方，使用することば，癖など）音声（低い声，高い声，声質など）などは，まさに人的環境そのものと言えます。

③ 子どもを受け入れ，共感・励まし，援助する保育者は，子どもの憧れのまなざしを受け，子どものモデルになったり，時には「一緒に行動する人」となったり，「子ども同士の仲介をする人」になったりします。

④ 保育者は，他の物的な環境とは決定的に異なります。保育者自身，ねらいや意図をもっています。そして，子どもの願い汲んで様々な環境をつくり出します。

以上のことを意識しながら，保育室づくりに取り組みたいものです。

(3) 安心・安全な生活空間づくり

子どもを迎え入れる，また子どもや保護者にとって安心できる保育室は，玩具の置き場所などの遊具を整えることも重要ですが，守られていると感じられる空間の大きさ（広すぎず狭すぎず）も重要です。保育室はロッカーや家具など生活に必要なものが，ほどよく配置され安心できる空間がつくり出されており，そこにあるものは手入れが行き届いていることが重要になります。このように考えてきますと，保育室は保育者の人としてのありようの表現でもあります。保育室が保育者の保育に対する表現であるとしたら，保育室はその保育室の担当の保育者たちの保育・生活の履歴であるともいえます。安心できる保育室とは，安心・安全を得ようと努力することであり，それを保育者自身の回りにつくり出そうとする中で，雰囲気として醸し出されるものです。

図７－１でひばり組の取り組みを通してみていきます。

図7－1　ひばり組（2歳児室）

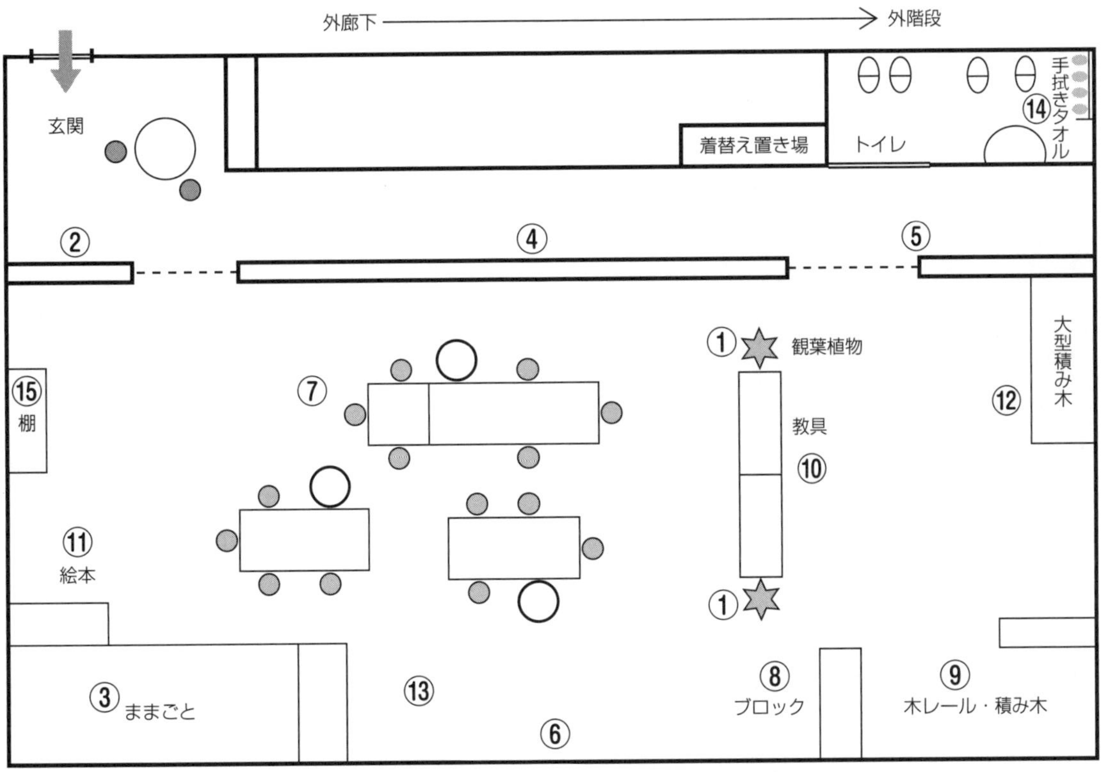

園庭側（窓）すべて窓床から120cmの高さまで木製の格子

※0，1，2歳児室は2階にあります。
●は椅子，◯は保育者の位置（テーブルに着くときのおおよその），-----は低いドア
═══は大きな引き戸
※0，1，2歳児室，事務スペースも一つの空間を背の低い家具で仕切られ構成されています。
それぞれの空間は，子どもからは見えませんが大人が立つと全体が見渡せます。
廊下は天井までのドアがあり，廊下に続く保育室の一部が天井まで仕切られています。

ぬくもり　安心できる場をつくる

安心できる場には，いくらかのぬくもりや温かさが必要です。そのために，保育室はできるだけ木を基本とした自然素材を使用するように心掛けます。保育室の色調も，落ち着いて生活ができるように，真っ白ではなくオフホワイトを基調にしています。家具や備品も，素材・色調は統一感がもてるように配慮し，大人も子どもも使いやすいものを選びます。

例えば，図7－1の①には観葉植物が置かれ，心休まる雰囲気を醸し出します。また，図7－1の②のロッカーの上には季節を感じさせる飾りを施しています。

緑があることで心休まる雰囲気に（図7－1の①）

月見の飾りで季節感を演出（図7－1の②）

安心感　保育室の中に，自分の場所をつくる

子どもが入園した時に，保護者と一緒に自分のマークを選んでもらいます。その子どもだけが使用するものには親子が選んだマークが付けられ，そのマークは在園中使用します。それは，自分のだけの場所となります。

登園してすぐに出会う自分のロッカー。日に何度となく行ったり来たりする生活の拠点であり，家庭と保育所をつなぐ場所（図7－1の④）

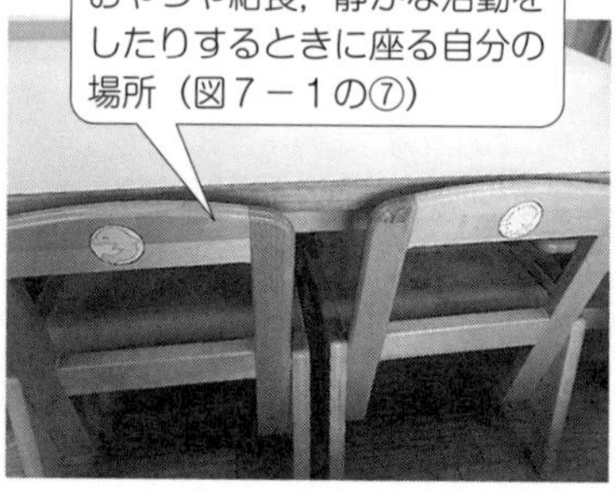

おやつや給食，静かな活動をしたりするときに座る自分の場所（図7－1の⑦）

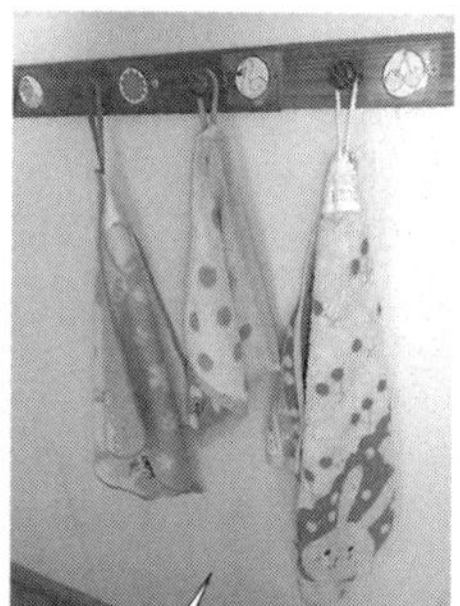

大好きな絵が付いている自分のお手拭き（図7－1の⑭）

また，２歳児は，１歳児時代にじっくりともの（玩具）と関わり，自分の好きな遊びを存分に遊んできています。その遊びが仲立ちになり友達との関わりも頻繁になります。仲良く遊んだり，時に取り合いになったりします。取り合いをし，保育者に仲介してもらいますが，なかなか気持ちを切り替えられない時もあります。まだまだ一人遊びを楽しみたいときもあります。そんな時には，適度に囲われた，他から守られた空間が必要になります。

棚などで囲まれ，独立した空間になっているままごとコーナー（図７－１の③）

Ａ子は登園してすぐにままごとコーナーへ。お気に入りの人形を見つけて抱っこして，少し安心できたようでした。しばらくすると，食事を食べさせたり，洋服を脱がせてみたり，まわりを気にせず，一人でじっくり遊びを続けていきました。

１人遊びを楽しむＡ子

区切られた空間とスムーズな動線

保育室内を自分の生活の場所として安心して行動する上で必要なことは，ある程度の生活の見通しが立つことです。保育室を広々とではなくある程度区切り，その空間に意味をもたせることで，子どもたちはその空間に働きかけられてみずから行動しようとします。

ひばり組２歳児室は，おおよそ図７－２のように背の低い家具やパーテーションで空間を分け，おおむね，１から４の動線を基本に一日の生活を営んでいます。もちろん，この空間と動線は基本であり，その時々の子どもの様子や，また，子ども自身で子どもの必要から自由に行動しています。

図７－２　寝食空間などと動線

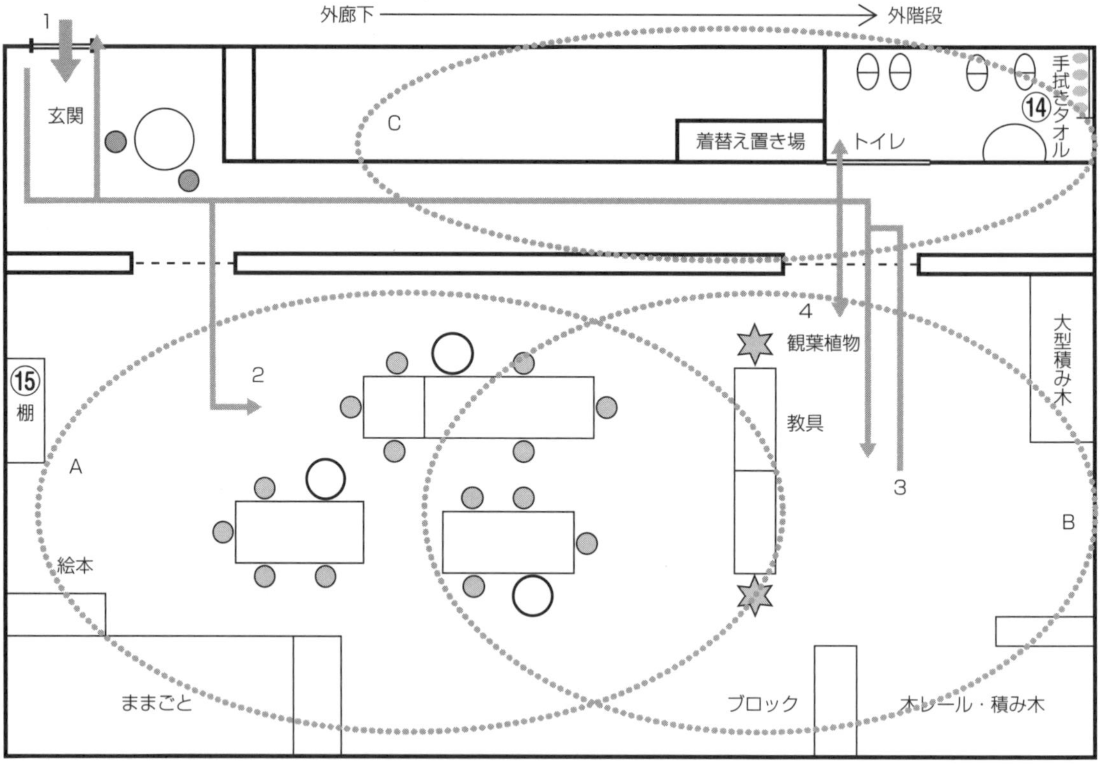

＊Ａは遊びの空間＋食事の空間（食事の準備をしているときはＢでの遊びや外遊びとなる）
＊Ｂは遊びの空間＋午睡の空間（食事中にＢを午睡の空間に設定する）
＊Ｃは身支度など身辺に関する空間となる。

・動線１は登園・身支度して保育室へ，動線２は食事へ，動線３は外遊びやホールへ
・動線４はトイレへ

動線１：玄関⇔受け渡しコーナー⇔保育室へ（図７－１の④）

安全

子どもたちが生活していく環境は，安全なことが重要になります。

・床はクッション材をいれ，転倒した時の対策をしておく。

・ロッカー・棚・ベンチなどの家具類は，角をしっかり取っておく。

・子どもが使わないものはできるだけ棚の中に収納し，安全性を高める。

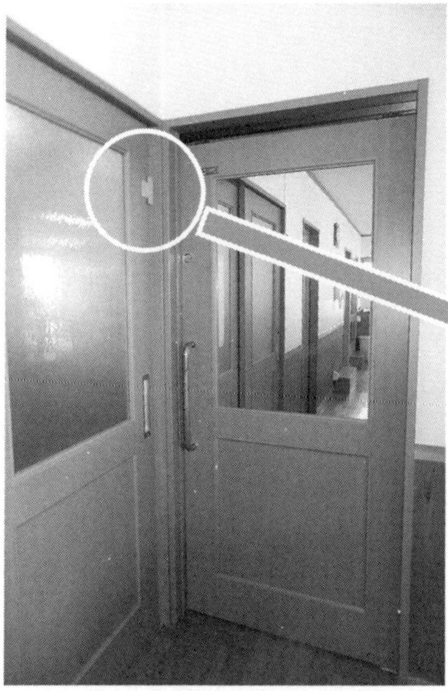

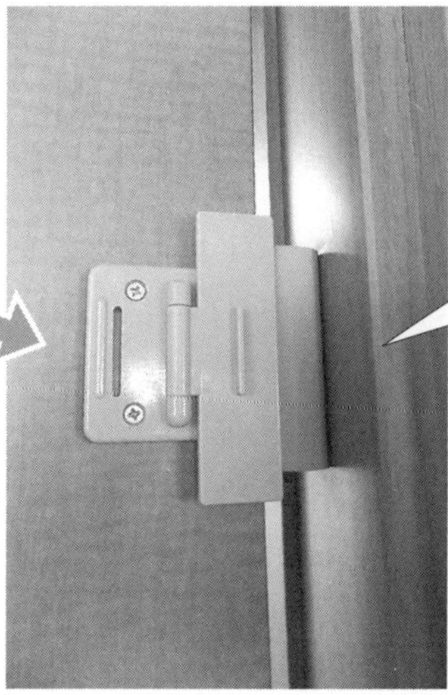

扉には鍵を取り付け，開閉での指はさみ防止の対策をする

さらに２歳児クラスでは，子どもと一緒に安全対策もおこないます。

・ドアの開閉や棚の開け閉めは大人がする約束をしていく。

・水場の危険性を考え，トイレ・水道などへは大人と一緒に行くようにする。

・安全に配慮し，高いところに登り過ぎないように見守ったり，伝えたりする。

（例：大型積み木はぐらつきが出るので，積み木に乗るのは２段までで，座って乗る）。

・教具遊具の片づけを一緒におこない，いつも決まったところに決まった数があるようにする。

・おもちゃを口に入れないように伝えていく。

また地震などの災害時に，棚などが倒れないよう，耐震対策もおこない，安全な環境をつくることも意識して取り組む必要があります。

可動式の棚は転倒しやすいが，耐震マットで棚の転倒防止をすることで，使用することができる

清潔・衛生管理

２歳児クラスと言っても，発達の個人差の大きい時期ですので，保育室の掃除は，１歳クラスと同様の配慮が必要になります。

●掃除や消毒ができる素材を選ぶ

できるだけ消毒ができる素材のものを選び，常に清潔を心がけます。

（じゅうたんではなく，ジョイントマットなどにして，拭き掃除ができるようにします）。

・毎日の室内・トイレの掃除。

・週１回，おもちゃの消毒・布のものの洗濯。

●衛生区域を明確にする

特に，おむつ替えのコーナーはトイレへの動線や手洗い場などを考えた場所に配置します。

さらに，この場所でおむつを替える習慣をつけ，決まったところで決まった手順でおこなうことを徹底します。

感染を防ぐため，排便時・嘔吐下痢などの症状の場合の対応はマニュアル化し，全職員が同じように対応するようにします。

●その他

下記の点も，常に心がけるようにします。

・タオルの共有をしない。

・掃除道具は用途別に用意する（雑巾なども）。

・ゴミ箱もフタつきのものを用意し，鼻水を拭いたティッシュは必ずその中に捨てる。

・おむつ替えや子どもの鼻水を拭いたあとなど，基本的に１つの作業に１つの手洗いをおこなう（やむをえない場合は，アルコール消毒をおこなう）。

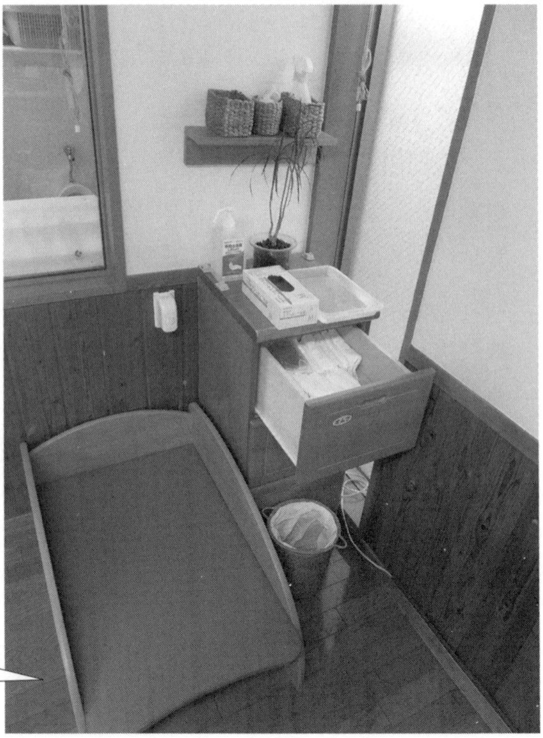

おむつ交換台のまわりに必要な布おむつ，使い捨て手袋，アルコール消毒などを準備

⑷　いきいきとした生活空間づくり

子どもが日中のほとんどを過ごすのが，保育室となります。子どもは，その場所（保育園・保育室）に慣れていくと，安心して過ごすことができるだけではなく，自分なりに表現できるようになってきます。安心できる環境（人・もの）に守られながら，子どもは自分で行動をおこしていきます。そして，周りの人・もの・環境に興味を示し，自分でその事柄に働きかけたり，関わっていくようになります。その経験を通して，子どもは生活や遊びの力をみずからが発揮し，獲得していくようになっていくのです。

遊びを充実させる

子どもが生活や遊びなどの周囲の事柄に関わっていくようになるためには，安心できる生活と信頼できる保育者の存在が大切になります。そして，子どもの興味や関心・好奇心をかき立てるような空間や設定であること，また，取り組みたい時に邪魔されずに，じっくりと遊びや取り組みができる空間になっていることが重要です（図７－１の③，⑦，⑧，⑨，⑩，⑪，⑫，⑬参照）。じっくりとものと関わって遊んだ経験を仲立ちにして，子ども同士の関わりが展開していくのが２歳児の特徴です。

毎日の遊びを充実させるために，次のことを意識して保育室を工夫します。

●子どもの成長・発達を意識した空間づくり（広すぎず狭すぎず－守られていると感じる空間－可動式のパーテーションなどで，子どもの欲求に合わせて空間を再構成する）。

●静的なコーナーと動的なコーナーのバランス（子ども一人ひとりの欲求に応えて）。

ブロックコーナー（窓をパーテーションで囲って自分たちの場所を作って遊ぶ）（図7－1の⑧）

教具（図7－1の⑩）

窓のそばの三方が囲われた空間の木レール・積み木コーナー（図7－1の⑨）

積み木遊びが好きなＩ子。慎重に柱を立ててタワーを作っていく

大型ブロックのコーナー（図7－1の⑫）。大型積み木を並べてその上を歩いて遊んでいる友達に吸い寄せられるように子どもたちが集まって来て，積み木の上を楽しそうに歩いて遊ぶ

●いつも同じ環境，同じ遊具・教具で安心して遊び込む（発達や興味に合わせて再構成するときもあるが，全面的には変えない）。－ちょっとした変化をつけて遊びのきっかけを作る。

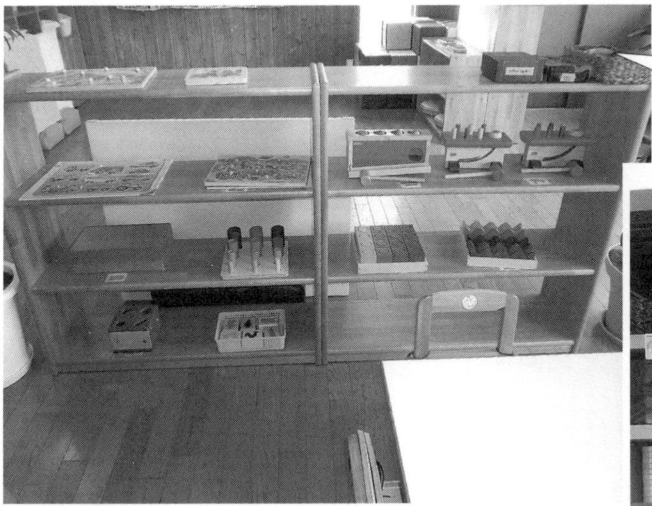

教具棚に必要な教具がいつも置かれ，子どもが選んであそぶ（図７－１の⑩）

いつでも出せるような教具の整理。サイズが小さいものや必要に応じて出し入れしたい教具は，棚に収納しておく（図７－１の⑮）

ちょっとした変化。いつもの教具が違うように置かれている

絵本コーナー（図７－１の⑪）。絵本も子どもの発達や興味，季節などに合わせて出し入れする

●玩具は良質の木製を基本とする（保育者がそのよさを知り，一緒に遊ぶことで子どもに伝えていく）。

●ぬくもりのある素材を生かす（色調も意識する）。

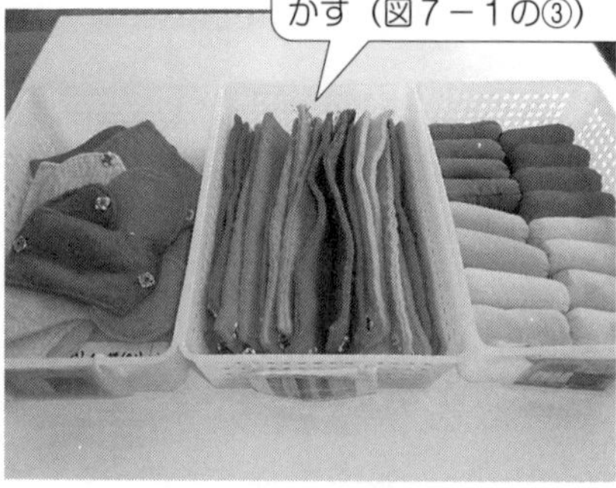

●ままごと道具は，生活の中で使っている道具（お皿，スプーン，お鍋，コップなど）が基本とするが，割れたりしないものを選択する。消毒することも考える。

遊びを豊かにするための玩具リスト

子どもの遊びには玩具が欠かせません。以下の表は，ひばり組の１年間の保育室に用意する玩具のリストです。年間を４つの時期に分けて，準備しますが，必ずしもこの通りになるとは限りません。子どもの興味関心はその年々によっても異なるからです。

さらに，子どもの発達を考えて，年間を通して準備するものと，発達過程に合わせて片づけたり，出したりします。

２歳児のおもな玩具のリスト

分類	品名	２歳児			
		Ⅰ期	Ⅱ期	Ⅲ期	Ⅳ期
動かす玩具	汽車セット	■	■	■	■
	木製自動車	■			
	NIC（車）		■	■	■
	８人乗りトラック		■	■	■
	ダンプカー		■	■	■
	連結車		■	■	■
	４人乗りバス	■			
	トラック	■			
	自動車	■			
	バス	■			
動きを楽しむ	スマートエレファント	■			
	シロフォン付玉の塔	■			
	スロープペンギン				■
	ジャンピングカートレイン	■	■		
	トレインカースロープ	■	■	■	
	メリーゴーランド	■			
	ジェットコースタールピー	■			
	こま	■			
型おとし	大工さん		■	■	■
	Ｄハンマートーイ	■	■		
	ノックアウトボール	■	■		
	パズルボール	■	■	■	
	Ｎ筒型ポストボックス		■	■	
	Ａポストボックス	■	■		
	Ｍポストボックス	■	■		
型はめ	はめ絵		■	■	■
	パズル（つまみあり）	■	■		
	パネルパズル	■	■	■	■
	箱パズル				■
	フォームス	■			
	ステッキあそび（小）			■	■
	ステッキあそび（大）	■	■		
	タワー	■			
型あわせ	キーナメモリー			■	■
	型あわせゲーム			■	■
人形	手人形	■	■	■	■
	コットン手人形	■	■	■	■
	ジルケ人形（大）	■	■		
	ジルケ人形	■	■	■	■
	ジルキー毛糸	■	■	■	■
	タオルくま	■			
	シルケくま・うさぎ	■			
	人形（カーレくま・シルケうさぎ）	■			
	くま	■	■	■	■

分類	品名	2歳児			
		Ⅰ期	Ⅱ期	Ⅲ期	Ⅳ期
タワー積み重ね	ジオメトリック・ソーティング・ボード	■			
	スタッキング・リング	■			
	プラステン	■	■	■	■
	リングタワー	■	■		
	キューブタワー	■	■		
	カラーステップ	■	■	■	■
	重ねカップ	■			
	重ね箱	■			
マグネットあそび	マグネットセット	■	■		
	マグネットボード	■	■		■
ままごと	ままごと用野菜	■	■	■	■
ごっこあそび	ドクタートランク（お医者さんセット）				■
積み木	レンガ積木	■	■	■	■
	つみきヤコブ	■	■		
	コルク積み木				
	モルトジュニアブロック	■	■	■	■
	リグノ	■	■		
	リグノ用トレイ	■	■		
	WAKU ブロック・２倍体	■	■	■	■
	WAKU ブロック・直方体	■	■	■	■
	WAKU ブロック・立方体	■	■	■	■
	WAKU トレイ	■	■	■	■
数あそび	そろばん白木	■			
	Ｆそろばん		■		
ブロック	リブブロック	■	■		
	モノブロック	■	■	■	■
	デュプロ		■	■	■
ひもとおし	六色三体		■	■	■
	大きなビード	■			
	玉さし盤		■	■	■
つなぐ	ジャンボカラフルチェーン				■
ボール	８インチキューティーボール	■	■	■	■
	ウレタンソフティーボール	■	■	■	■
	鈴入りボール				
手先の遊び	マグネフ		■	■	
	さやえんどう（小）	■			
	布の本	■			
体を使う玩具	バンバン DX	■			
	トンネル	■	■		
	カタカタベビーカー				
	ホワイトパラシュート	■	■	■	■
	トンネルチューブ	■	■		
	ビーズクッション	■			
	キューボ・モビリアM	■	■	■	■
	ミニプレイクッション				
	プレイソファー		■		■
	長クッション				
	U字クッション				
鏡	鏡（大）	■	■	■	■
	鏡（小）	■	■		

（＊グレー部分がその時期に準備するものです）

環境の再構成

保育室は,「安心した・安定した場所」ということからあまり変更せずに,基本的には図7－1に示した環境(空間)で過ごします。しかし,子どもの発達や興味関心に添うような形で,また,季節などを考慮して多少の再構成をします。

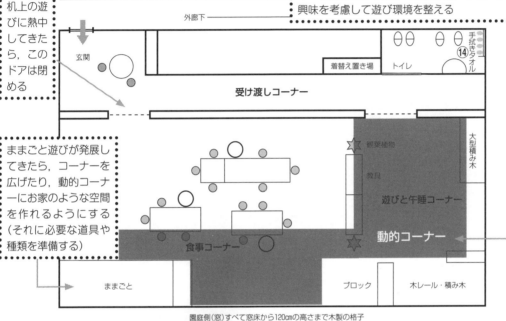

保育者からの動的な遊びの提供は,昨年の実績から,4～5月は大型積み木　6～7月はボールプール　8～10月は大型積み木　11～12月はボールプール　1～3月は積み木遊び(写真参照)など,子どもの興味を考慮して遊び環境を整える

机上の遊びに熱中してきたら,このドアは閉める

ままごと遊びが発展してきたら,コーナーを広げたり,動的コーナーにお家のような空間を作れるようにする(それに必要な道具や種類を準備する)

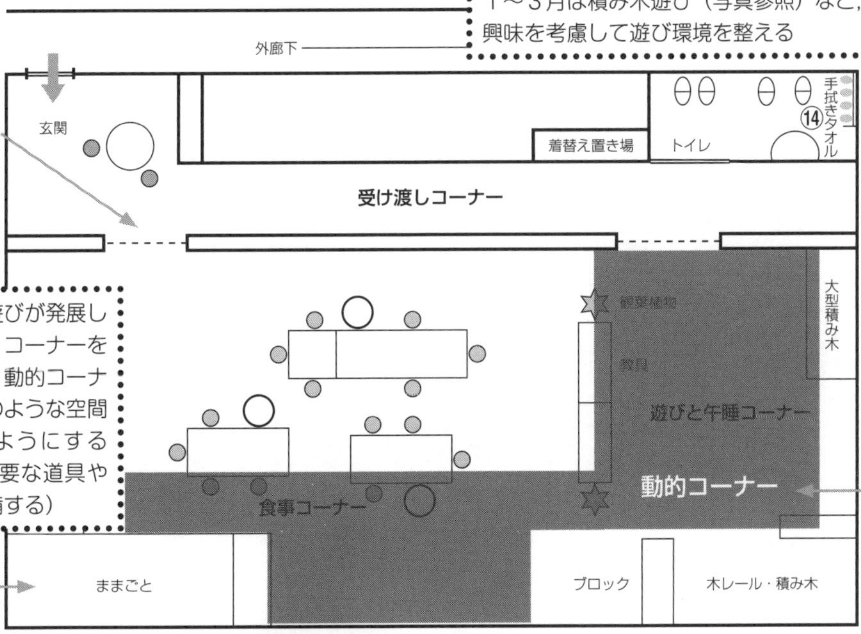

動的コーナーが,保育室内の一番広い空間となり,遊びの展開により様々なスペースになる(ままごとのお家,積み木遊び,楽器遊びなど)

子どもたち同士の遊びが日常的になってきたことや,積み木遊びに熱中している子どもの姿から,みんなで積み木遊びをしたいと,積み木遊びの環境を整え,遊びを提案する。はじめはそれぞれの作りたいものを作っていく。他児を気にすることなく,自分の好きなように積んでいき,「こんなのできたよ」と保育者に見せに来る。保育者は子どもの作品同士を積み木でつないでいく。すると別々だった作品が1つにつながり,大きな町や道路のようになり,喜ぶ。子どもたちを高いところからできた町を見て,「すごいね」と感動を味わう。

7：30頃～

登園

子どもにとっての玄関

おうちに近いような玄関から入る

ちょっとした段差に腰掛け靴を脱ぎ，自分のマークのところに靴をしまう

自分で取り組むことで保育園の時間に切り替わる

保護者にとっての玄関

ほっと一息つけるコーナー
心配ごとなどはここで保育者に相談することもできる

仕事に行く前・帰ってきてリラックスできる雰囲気づくりも大切

情報提供の場の玄関

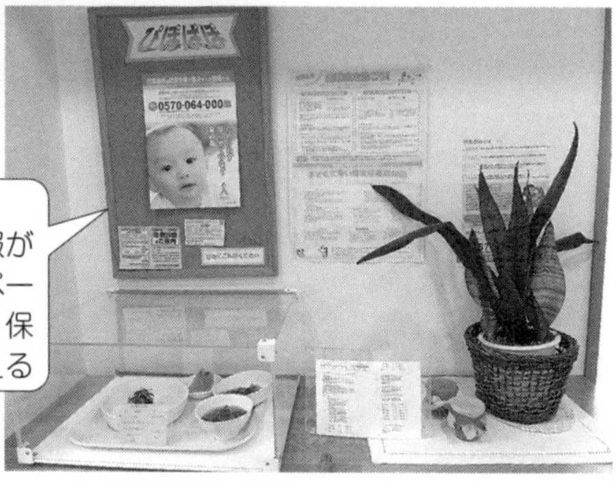

給食の展示
いろいろな情報が掲示できるスペースは，保育園・保護者両方が使える

7：30頃～

入室・朝のお支度

登園の際には，次の点に留意しましょう。

・朝の支度は親子でおこなう（親子でおこなうことで，保育園に行く気持ちになっていく。また親子での関わりの様子を知る機会ともなる）。

・検温・おむつがえ(トイレに行く)・ロッカーの準備・おたより帳を出し，連絡簿に記入する。

おむつを替えるコーナーは衛生面も考えて場所を固定に

朝，親子で，ロッカーに一日の持ち物をきれいに整理し準備する

おたより帳
おたより帳
連絡簿

〈２歳児の持ち物リスト〉

□おむつカバー（必要に応じて）
□パンツ（必要に応じて）
□肌着３枚（ランニング又は半袖）
□上着４枚（季節に応じて半袖，長袖）
□ズボン４枚（季節に応じて）
□靴下１足
□手拭きタオル１枚
（紐でかけられるようにしたもの）
□食事用おしぼりタオル２枚
□食事用エプロン２枚
□汚れ物入れビニール袋３枚

〈登園時のチェックリスト〉

□送迎者をしっかり確認
□子どもの健康チェック
□連絡帳だけではなく，直接に保護者と会話し情報を共有化する（子どもの24時間を把握）とともに，関係を深める努力をする

8：00頃～

入室→遊びのコーナーへ

保育所の登園は子どもによりその時間が異なり，人の出入りが多く，少し落ち着きのない時間帯でもあります。また，家庭から保育所への生活の節目でもあり，その生活の違いに大人が思う以上に敏感であり，不安定になりやすい時でもあります。子どもの気持ちに配慮してきちんと受け入れることと，すでに登園して遊んでいる子どもの遊び（保育所での生活）が乱されないように，保育者は役割分担をして，それぞれに対応することになります。

おうちの方と一緒に登園し，身支度を整えます。お父さんと歌をうたいながら準備したり，お母さんと帰りの約束をしたり，それぞれの親子のスタイルが見られます。おむつを替え（保育園の布おむつに交換），検温をして，タオルや洋服の準備をおうちの方と一緒にすることで，「これから保育園の生活がはじまる」ことを子どもも感じ，保護者の方も「これから仕事にむかう」心構えができる。保育者は親子の様子を見ながら声をかけ，体調などを確認して受け入れをします。

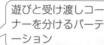

遊びと受け渡しコーナーを分けるパーテーション

朝の遊びコーナー。最近の子どもたちの遊びの様子や，昨日の子どもが興味をもって遊んだ遊びの続きができるように，また，それらから保育者が子どもに願うことなどを考慮して，朝の環境が構成されます

9：30頃～

片づけ

各遊びのコーナーで使うものは，それぞれのコーナーに教具棚があり，教具の写真が貼られた場所に片づけられるようにしてあります。子どもたちは遊びにあわせた道具をそれぞれの場所で探し，選んで使っていきます。いつも決まった場所に用意されていることで，自由に選択することができます。

玩具の片づけは，１歳児クラスから，使ったら，その教具の写真が貼られているところに片づけるよう働きかけてきています。自分の遊びの区切りがついたらもとの棚に戻す，外遊びなどに出かけるときも，みんなでおもちゃの居場所に戻してあげるなど，みずから区切ることをとおしてものを大切にする心も養っていきます。

教具遊具を入れ替える時は，写真も付け替えます。２歳児ではゆったりした午後の時間などでは，子どもと一緒に写真と玩具を見比べて貼ったりします（子どもと共に環境構成することも大切です）。

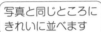

教具コーナー

写真と同じところに
きれいに並べます

絵本コーナー

ままごとコーナー

電車コーナー

ブロックコーナー

数の多いものは
箱の中へ
色別に片づけ美
しく

9：30頃〜

排泄の確認

排泄に関しては，次の点に留意しましょう。

・遊びから水分補給へと活動が切り替わる時など，必要な子どもに対しておむつを確認する。濡れていれば，おむつ交換マットに一緒に行き，おむつを替える。

・布おむつを使用の場合は，おむつを替えるコーナーに必要なものをそろえておく。布おむつ（たたんであるもの），ホットおむつ（おしり拭き），使い捨て手袋，医薬品類，個人の持ってくる薬も含む，おむつ記録表

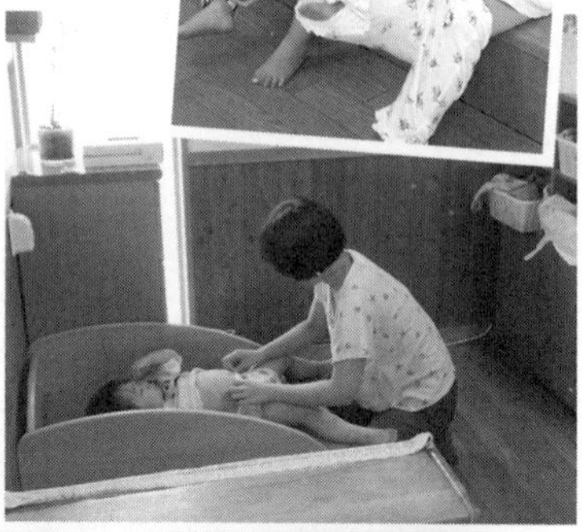

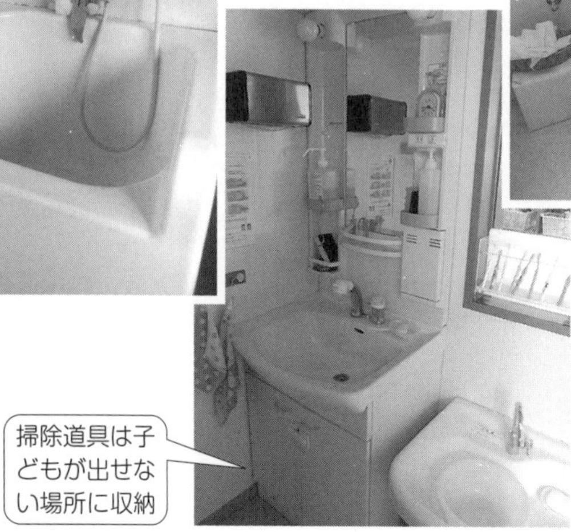

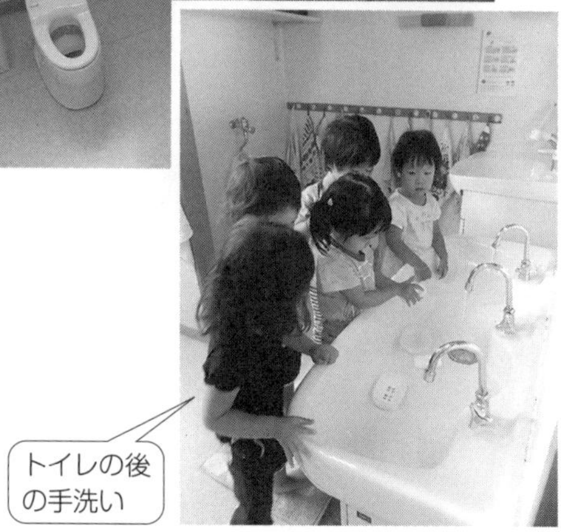

10：00頃〜

今日のねらい

外遊び

園外の遊びでは，思いきり身体を動かすことができます。基本的な歩く・走るという行動はもちろん，いろいろな段差を歩いたり，よじ登ったり，くぐってみたり，園庭の固定遊具なども活用しながら，遊びの要素も取り入れ，さまざまな動きを体験する機会になります。

また園外に出ることで，より自然を感じ，四季を感じることもできます。ただし，園外に出るということは，危険なこともあります。事前に近隣の公園を確認し，安全かどうかを判断したり，公園までの道も子どもたちの目線で安全性を確認しておく必要があります。

４月当初はバギーなども活用しますが，２歳児は徐々に友達と手をつないで歩いて散歩などに出かけるようになります。子どもにも交通マナーを伝え，安全で楽しい外遊びができるように準備をしていきます。

外遊びに使うもの（帽子・ジャンパーなど）は，子どもが自分で出したり探したりできるよう，事前に準備しておく

園庭で思い思いに遊ぶ。子どもたちの興味に合わせて保育者から遊びを提供する

砂場で泥んこになりながら存分に遊び込む

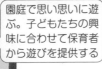

室内遊び

11：00頃～

着替え・排泄・手洗い

食事前のあわただしい時ですが，この時期の子どもの「自分でやりたい」という気持ちを尊重して，それぞれの子どものペースで取り組める時間的なゆとりをもちます。また，着替えなどの場所は混み合わないように広く取るなど，子どもの様子を見て対応します。

あらかじめ，着替えは個別にセットしておく

一人分の着替え

汚れた服を脱ぐ

新しい洋服を着る

手を洗う

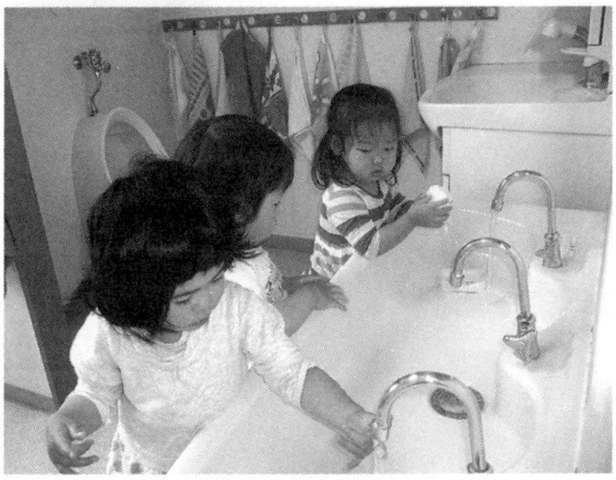

〈行動の流れ〉
- □靴をしまう
- □汚れた洋服を脱ぐ
- □自分で持っていき，ロッカーにしまう
- □おむつを替える・トイレに行く
- □洋服を着る
- □手を洗う

11：00～11：30頃

食事

食事の準備

・事前に一人ひとりのエプロンとタオルをセットにして用意する。
・台拭きを濡らしておく。
・子どもが席についたらエプロンを渡す。
・エプロンは自分でつけるよう見守る。

いただきます！

・大人が配膳をする（おおよそ夏すぎ頃から，子どももお皿を取りに行ったりする）。
・椅子をあわせ，しっかり食事に向かう姿勢であることを確認する。
・各テーブルごとにそろったらみんなで気持ちをあわせて挨拶をする。
・楽しい雰囲気で食事をする。
・大人も食事を一緒にしながら，味や食材に興味をもてるようにする。

食育に関する取り組み

食材の皮むきなど子どもができるところを手伝う

園庭で保育者と一緒に野菜を植えて育て，自分たちで収穫して食べてみる

調理前のさかなに触ってみる

栄養士さんと3時のおやつのおにぎりのたれを塗るところだけ手伝う

12：00〜12：10頃

食後→午睡へ

食後から午睡への流れにおける行動は，１歳児の時から，やがては自ら判断して行動することを目指して継続して援助していくものです。したがって２歳児の発達過程に合わせて，２歳児一人ひとりのできるところは見守り，子どもがやろうとするところは，励ましながら関わりますが，行動の流れは１歳児と同じになります。

食事が終わったら，各テーブルごとに「ごちそうさま」をします。

・手・口などを自分のタオルでしっかり拭いてきれいにする。
・使ったエプロンは自分でタオルと一緒にまとめ，ロッカーのカゴにしまう。
・歯みがきをする。

２歳児クラスでは，６月の歯の衛生週間頃にうがいをはじめ，歯みがきを習慣化していきます。歯ブラシは月に１回は持ち帰り，新しいものにします。

午睡の時間は個人によって違いがありますが，歯みがき・トイレが終わったら，自分のコットベッドで身体を休める習慣を身に付けます。カーテンを少しずつ閉め，電気も徐々に暗くし，オルゴールをかけて，眠りに誘います。午睡で大切なことは，熟睡させることよりも，身体を休めることを主眼にし，ほどほどの暗さにするようにしています。

保育園では一人１台のコットベットを用意し，それぞれの子どものマークをつけておきます。各家庭からバスタオルを持ってきてもらい，自分のお布団ができ，安心して眠りにつくことができます。

コットベットはメッシュ素材になっているので，拭き掃除で消毒もでき，通気性もよいので，夏も冬も快適に使うことができます。保護者の方にも週末にバスタオルを２枚持ち帰ってもらい，洗濯してきてもらうので，荷物も多くなりすぎないで対応できます。

並んで歯みがき

順次午睡

14：30頃～

目覚め・排泄・手洗い

せかさずできるだけ子どものペースを尊重しながら，午睡からおやつまでは次の流れになります。

・起きた子どもからトイレに誘う。
・できる範囲でベッドを片付け，トイレ・手を洗い・着替えをする。
・自分の席（マーク）にいく。

目覚め

トイレ，着替え

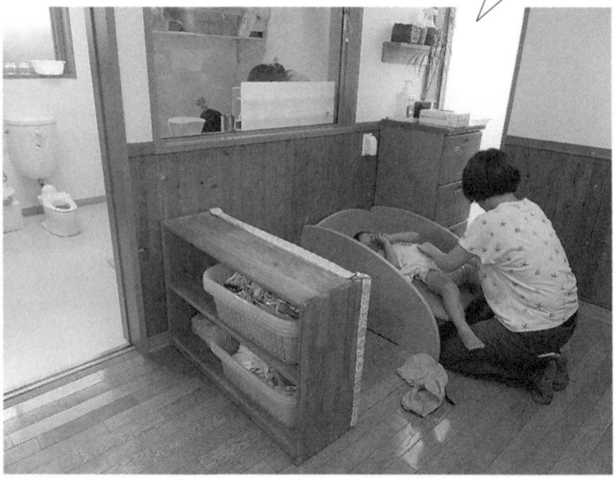

絵本を見ながら
おやつを待つ

栄養士がおやつを
運んでくる

15：00頃～

おやつ

今日のおやつのスイカを見せてもらいました。

いただきます！

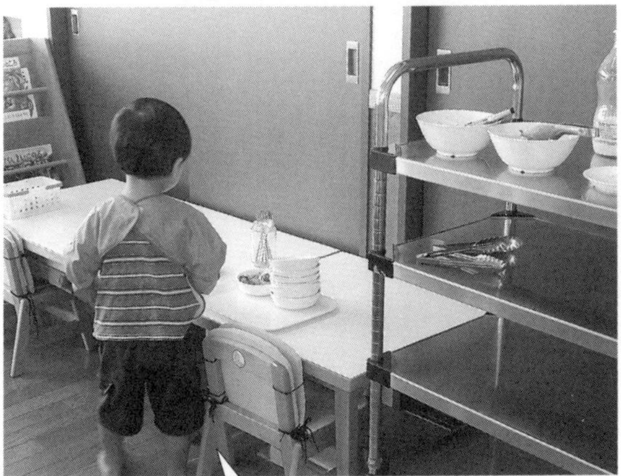

片づけ（食べ終えたらお皿を片づける）

エプロンも自分のロッカーに片づける

15：30頃～

午後の遊び

午後の時間は次のように展開します。

・子どもの欲求や興味・関心に添って遊びが展開できるようにする。

・クラスでまとまって行動することはほとんどなく，個別に，またはグループで動く。

友達とおままごと

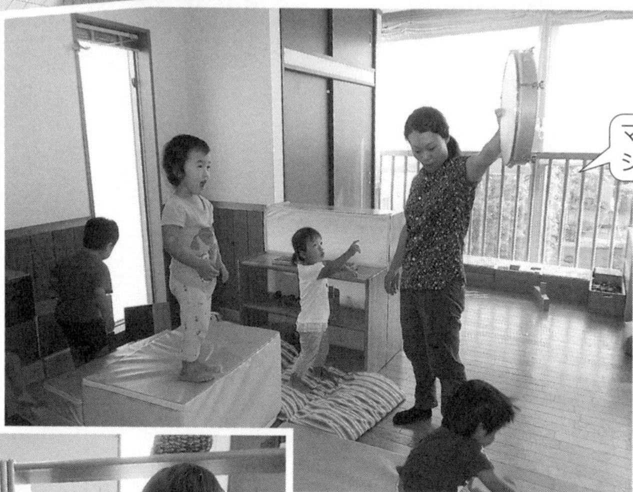
マットから
ジャンプ

好きな教具で
遊ぶ

マグネット
に夢中

17：30頃～

夕方の保育

17時50分以降は，１，２歳児合同での保育になります。１，２歳児の年齢幅やそれぞれの子どもの興味に合わせ，環境を整えることになります。特に１，２歳児の関わりがもてるような内容を考えます。また，順次降園していき，人数が少なくなります。淋しくならないように，また少人数ならではの遊びやじっくりと関わって遊ぶ遊びを考えることになります。

子どもが少なくなっていくので，一緒に遊ぶ

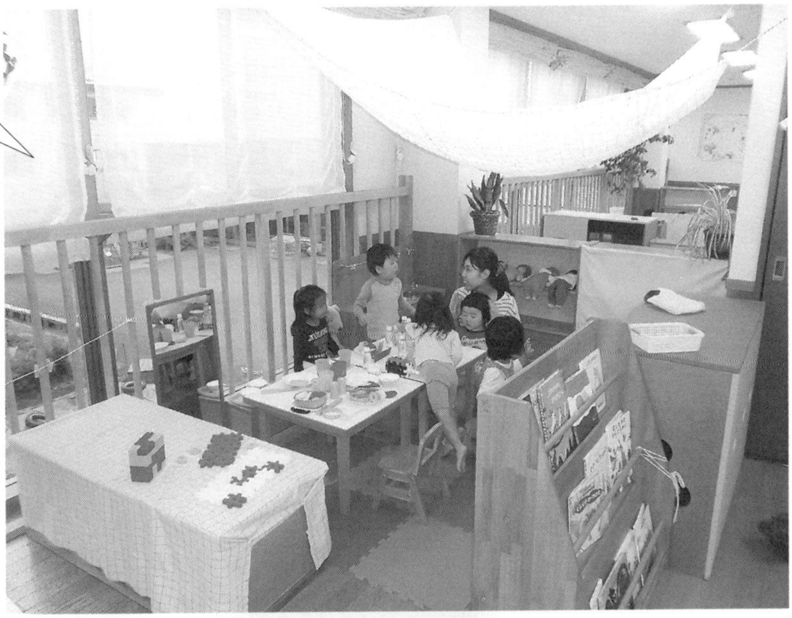

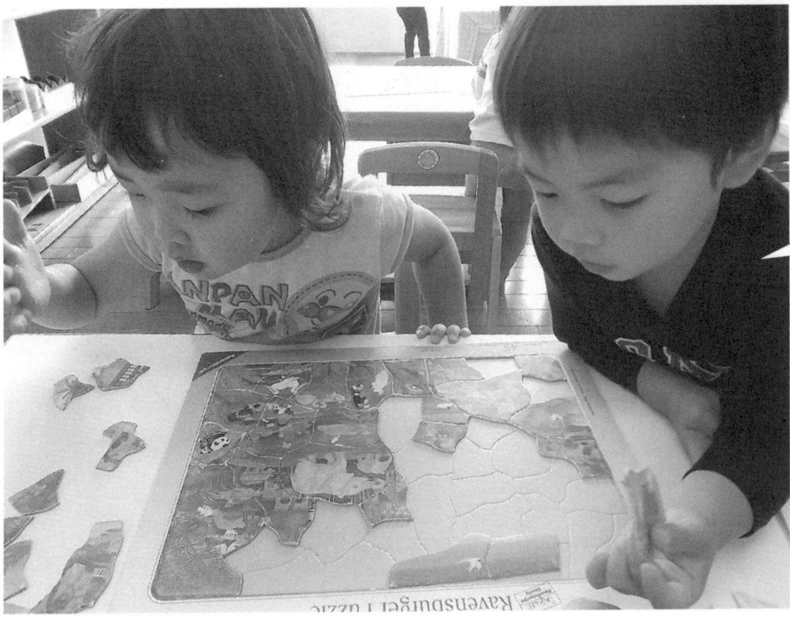

２人でパズルに挑戦

18：30頃〜

順次降園

お迎えに来たおうちの方を見て，子どもたちは使っていた教具遊具を片づけ，受け入れコーナーに出て行きます。おうちの方と会ってうれしそうに抱き合ったり，今日に出来事をすぐに報告したりしながら，おむつを替え，今日使った洋服やタオルをしまう用意を一緒におこないます。

保護者の方には，今日の体調や園での様子を具体的に伝えていきます。朝泣いていた子どもを迎えに来た保護者の方には，どんなふうに園生活に入っていったかを伝えることで，１日泣いていたのではなく元気に友達と遊んだことをイメージしてもらいやすくなります。保育者は常に子どもを目の前にして保育をしていますが，保護者の方は朝・夕の姿しか目にすることはできません。より具体的に伝えることで，子どもたちが元気に生活していたことを理解していただけるようになります。また直接話をすることで，子どもたちが日々成長していることを，家庭と保育園で共有することもでき，子育ての喜びにもつながっていきます。

さらに子どもだけではなく，保護者の方の様子もしっかり見ていきます。仕事で疲れている様子や体調がよくないようであれば声をかけ，保護者の方のおもいを聴くように心がけています。子どものことは一緒に考えられるよう，いつでも「相談」を受け止められる姿勢があることを常に発信しています。こうして身支度が整うと，「さようなら」とあそびのコーナーに声をかけ，保育者や友達とあいさつをして玄関へ。自分で靴を出して履き，おうちへと帰っていきます。

本シリーズの０歳，１歳でも述べてきた通りですが，保育指針における環境構成の基本は同じです。ですから，基本を書くとしたらみな同じになってしまいますが，そこで生活する子どもと保育者の様々な条件，家庭の子育ての方針，園の保育目標，その年度で構成されるクラスの年齢構成（比較的低月齢の子どもがそろうなど）による子どもの姿の違いなどで，そこで展開される保育は一様ではありません。その具体像は保育室の数だけあると言っても過言ではありません。しかし，保育所保育の基本の一つは保育所における環境を通して養護と保育が一体的に行われる（保育指針，保育所の役割）ことです。

これまで本章でみてきたように，保育室，あるいは保育所環境は保育者の子どもとの生活に対する願いが込められたものです。子どもとどのような生活をしたいのか，どんな子どもの育ってほしいのかなどを抜きにした環境構成はあり得ません。是非，環境構成は保育目標や保育内容・方法と一緒に考えてみてください。

Ⅷ章 保育者も保護者も子育て力アップ

1 保育の基本を再チェック！ ２歳児の保育と保護者への支援のポイント

序章で述べたことから理解されるように，２歳児の成長・発達のプロセス，そしてその生活のプロセスには，子どもの自己意識の発達とそれに伴う二次的感情の発露，他者との関わり方の多様化と複雑化が特徴的にみられるようになります。この特徴は，保護者や保育者が子どもとの関わりで体験する内容に大きな変化をもたらします。自己意識の発達は自我の形成をいよいよ本格的に深め，子ども自身が主体的に個性的にみずからの思い，願いを直接的に表現する機会が増え，保護者や保育者は，それまでの年齢や発達段階とは異なる自己主張への対応が求められます。また言葉の世界の広がりは，子どもが保護者に対して，保育所の様子を断片的に，また簡潔に伝える機会を増やしていきます。

このような変化は，０歳児グループ，１歳児グループの時よりも，保育者と保護者との関わりに様々な変化をもたらします。それまでは，子どもを間において保育者と保護者との二項関係が重要なポイントであったものが，２歳児グループになると，子どもを間において保育者と保護者との関係に，さらに他の子どもの保護者が介在したり関わったりする三項関係に広がる機会も増えてきます。

改めて保育所保育指針第６章－１に示されている７つの保育所における保護者に対する支援の基本を確かめていきましょう。この時期においても，どの基本的姿勢も重要な意味をもっていますが，なかでも大切に考える必要のあるものをあげてみましょう。上記の特徴をふまえると，「(3)　保育に関する知識や技術などの保育士の専門性や，子どもの集団が常に存在する環境など，保育所の特性を生かすこと。」が，一層大切になってきます。また，「(4)　一人一人の保護者の状況を踏まえ，子どもと保護者の安定した関係に配慮して，保護者の養育力の向上に資するよう，適切に支援すること。」並びに「(5)　子育て等に関する相談や助言に当たっては，保護者の気持ちを受け止め，相互の信頼関係を基

本に，保護者一人一人の自己決定を尊重すること。」という基本的姿勢は，具体的に非常に有効に発揮すべき基本的事項となってきます。

> **1　保育所における保護者に対する支援の基本**
> (1)　子どもの最善の利益を考慮し，子どもの福祉を重視すること。
> (2)　保護者とともに，子どもの成長の喜びを共有すること。
> (3)　保育に関する知識や技術などの保育士の専門性や，子どもの集団が常に存在する環境など，保育所の特性を生かすこと。
> (4)　一人一人の保護者の状況を踏まえ，子どもと保護者の安定した関係に配慮して，保護者の養育力の向上に資するよう，適切に支援すること。
> (5)　子育て等に関する相談や助言に当たっては，保護者の気持ちを受け止め，相互の信頼関係を基本に，保護者一人一人の自己決定を尊重すること。
> (6)　子どもの利益に反しない限りにおいて，保護者や子どものプライバシーの保護，知り得た事柄の秘密保持に留意すること。
> (7)　地域の子育て支援に関する資源を積極的に活用するとともに，子育て支援に関する地域の関係機関，団体等との連携及び協力を図ること。
>
> 保育所保育指針　第６章（保護者に対する支援）より

2　保護者も成長できる！　保護者支援のための強力サポート

以下に，この基本をふまえた保育者と保護者の連携や保護者支援の内容を，具体的事例をあげながら考えていきましょう。

一層強まる「いや！」という表現を通した自己主張は，保護者や保育者との関係にさらなる変化をもたらします（保育園との連絡帳のやりとり１）。また，自分自身と他の子どもとを比較し，多様化した感情の発露が保護者や保育者に思わぬ経過や結果をもたらしたりします（事例29）。その感情表現の多様化によって，他の子どもとの関わりの戸惑いを他者に伝えるようになります（事例30）。そして，その感情表現の豊かさが保育者や保護者に成長を実感させる機会にもなります（保育園の日誌より１）。さらに，子どもたちが他の子どもたちとの関わり方を広げ，受け入れたり，探究しあったりする力が広がっていることを保護者にも伝え，保育の喜びを共有できる機会が増えていきます（保育園の日誌より２）。同じように，保護者も子どもの成長を実感し喜ぶ機会は，年長の子に憧れて自分も同じようにしたいという強い思いが子どもの成長・発達を促したり，またより複雑な感情表現が見られたりする場面を知ることによって，一層広がっていきます（保育園との連絡帳のやりとり２）。

(1) 保護者の子ども理解を深める

✎保育園との連絡帳のやりとり１ （Ｔ男　３歳　※２歳10か月より入園）

家庭より	保育園より
何をするにもまずは「やだ」から始まります。１回言い始めるとなかなか曲げず頑固に言い続けます。食事，出かける，お風呂に入るなど，日常生活の中では何事もスムーズに進まず困ってしまいます。時期的なものだと分かっていても忍耐がいります。	時期的なものとは分かっていても毎日何度もあることですから大変な時もありますよね。保育園でも同じような様子が見られ，「やだ」「だめ」「ちがう」「自分で」という言葉がよく聞かれます。最近は話すことがとても上手になってきているＴ君ですが，まだ自分の思いを伝えるのが難しいこともあるのではないかと思います。保育園では「～だから嫌だった」「～だからだめだった」「ちがう，～したい」「自分で～する」など言葉にならなかった部分を引き出すように心がけています。自分の思いや考え，やりたいことをもっていて，それを伝えようとしていることはとても大切なことです。成長と共に自分の思いを言葉で伝えることもできるようになっていくと思います。今はできるだけＴ君の言葉にならない思いを代弁していくことを心がけ，また伝え方にはいろいろな表現方法があることを伝えていけたらと思っています。 また大人は先の見通しをもちながら暮らしていますが，この時期も子どもはそうではありません。Ｔ君にとっては突然自分のやっていることを中断されたように感じるのかもしれません。「もうそろそろ～しようかな」など少し前から予告するなどしていくと，Ｔ君自身も見通しがもて気持ちも切り替えやすくなるかもしれません。

事例29 デズニーに行ったよ！ A子（3歳1か月）

A子の母親へ，C子の母親から電話があった。「この前の日曜日，ディズニーランドに行ってきたんですってね。うちも行ってきたの。わかっていたら一緒に行ければよかった」。A子の母親は，「イイエ，行ってなんかいませんけど」と答えると，C子の母親は，「でもうちの子（C子）が行ってきた話をしたら，Aちゃんも『わたしもデズニーに行ったよ』と言って，私たちが見てきた空飛ぶダンボもミッキーのマジックも見たよ，とC子に伝えていたけど」と言う。戸惑った母は，A子を問い詰めると，気まずそうな顔をして，「だってCちゃん行ったんだもん……」と答えたので，「あなたは行ってないでしょ。どうして嘘つくの！」と叱ってしまった。A子はひどく泣き出し，母の顔も見ないようになった。嘘をついたことと，C子の母親がうちの子が嘘つきだと思ったことなどを思うと，なんかうちの子が許せなくなったということを，電話で保育園に訴えてきた。

➔対応

電話での応答だけではなく，翌日夕方に面接室でしばらく話し合いました。

いきいきと楽しそうに話しているC子がうらやましく，A子はその場で思わず自分も行きたかったことを，そのように表現したこと，むしろ嘘というよりも願望があったり秘密があったりする時の，感情の表れとしてでてくることを伝えました。母親は，「確かに“嘘”ということだけにこだわり，A子の気持ちまで思いやる余裕はなかった。子どもの気持ちまで思いやるようにしなければいけませんね」と話しました。

事例30　Y君が怖い　H男（2歳5か月＊0歳児から在園），Y男（2歳10か月＊2歳児から在園）

　H男は6か月から在園していたが，のんびりしていて自分のペースでじっくりと遊ぶことを好んでいた。Y男は2歳10か月で入園してきた。月齢も高く，身体も大きくまた好奇心や探究心も旺盛で動きも活発で自己主張も強かった。入園してすぐから友達に対する関心も強く自分から関わろうとする様子が見られたが，思い通りにならないと「だめ　だめだめ」「やだ　やだ　やだ」と強く主張する様子があった。

　新年度が始まりしばらくするとH男の母から「今まで一度も保育園に行きたがらないことはなかったのですが，この頃行きたがらないので訳を尋ねるとY君が怖いからと言います。Y君は元気なだけで怖くないと思うよと言いましたが，何かお心当たりはありますか」との質問がある。

➔対応

　H男の怖いという思いに気づくことができず，気持ちを十分に受け止められなかったことをお詫びする。H男やY男の様子や関わりについて，楽しく遊んでいる時だけでなく，トラブルがあった時の様子などについても具体的に伝えていく。トラブルを避けるのではなく，その中で子ども同士がお互い自分の思いを伝えることや，相手の思いに気づいていくこと，表現方法を工夫していることなど日々の関わりの中でどんな変化，成長が見られたかや，自分の子どもだけでなく，友達との関係の中で共に育ち合っていることが感じられるような様子を伝えていくことを心がける。またH男には安心して登園できるよう，直接「大きな声で『ダメ』って言われちゃうとちょっとびっくりしちゃうよね。ドキドキしてY君にお話しできない時は先生と一緒にお話ししようねと」と伝える。

⑵　保護者とともに子どもの成長を確かめる

✎保育園の日誌より1　（K男　3歳3か月）

保育園より
K君，T君，Gちゃんの3人でコルク積み木やままごとの具材を使ってケーキを作ってお誕生日会をして遊んでいました。すると，1歳児クラスのYちゃん（2歳8か月）が来て，ケーキを壊してしまいました。「あれ～，どうしてだろうね」と言いながら作り直すとまたやって来て壊してしましました。T君が「一緒にやらない」と声をかけましたが行ってしましました。3回目に壊した時にはT君とGちゃんが怒ろうとしましたが，K君が別のケーキを作り「はいYちゃん，これはこわしてもいいケーキだよ」と差し出しました。Yちゃんは照れくさそうに笑ってそっとケーキを壊しました。それからはYちゃんも加わり作っては壊すことを繰り返す遊びになり4人でケラケラと楽しそうに笑っ

ていました。“こわしてもいいケーキ”とはびっくりしました。Yちゃんのことを否定することなく受け入れたK君に感心しました。

保育園の日誌より２　（J男　２歳11か月，F男　２歳６か月）

保育園より
今日は暑かったので，F君と自然に水遊びが始まりました。ズボンがぬれると脱いで「お洗濯」と言ってバケツに入れて洗い始めました。勢いよく水の出ている水道の下に砂場用の小さなバケツを置き，その中にズボンを入れるとぐるぐると回り始めました。「洗濯機みたい！」と大興奮です。F君も同じようにやってみましたが回りません。J君が手伝っていろいろ試しているうちに，水の当たる位置が関係していることに気づき，回る位置を調節していました。またいろいろなものを洗いながら，素材によっても回り方が違うことも発見していました。遊びながら，試行錯誤しながらいろいろなことに気づいたJ君です。

保育園との連絡帳のやりとり２　（G男　３歳７か月）

保育園より	家庭より
今日は節分で豆まきをしました。鬼が園庭に登場すると色紙で作った豆をまきます。鬼退治に行ってみたい人だけ行き，怖い人は保育室に残ることにしました。G君はやる気満々で行きましたが，鬼を見ると顔色が変わり「早くお部屋に帰ろう」とのこと。急いで部屋に向かいました。こっそり外を見ていると，怖いながらも鬼に向かって行くK君の姿を見つけました。「GもK君みたいにかっこよくなりたい」とその後何度か鬼の所へ行こうとチャレンジしましたが，ある程度近づくと怖くて豆を投げることはできませんでした。お部屋に戻ってからも「怖ろしかった，怖ろしかった」とずっと言っていました。“怖ろしい”などという言葉を知っていたのですね。今日の思いを表現するには「怖い」では足りなかったのですね。	いつも元気で活発なGですが，結構怖がりなんですよね。今までならたぶん“怖い”と思ったらそのまま帰ってきて「もういかない」となってしまうと思うのですが，同じ歳のお友達のK君が豆をまいているのを見て，“自分も格好よくなりたい”と思ってトライするなんて（結局はダメで帰って来たとしても）今までにはないことだと思います。本当にお友達の中でいろいろな思いが育っているのだなと思い，うれしくなりました。

(3)　保育園と保護者との連絡帳記入例

保育園に馴れてくるにしたがって，保護者の保育園や担当保育者との関わり方にも広がりがみられるようになります。特に個々の保護者との送迎時の対話や連絡帳のやりとりを通して，お互いの信頼を深め，連携を深めるように常に配慮したいものです。

以下に，連絡帳のやりとりの例を紹介します。３歳１か月のG男は，日頃あまり付き合えない父親と電車で公園へ行った深い喜びを保育の場で様々に表現しています。そのことを保育者が伝えたのに対して，母親はG男と父親との絆を改めて確かめ，実感しています。翌週のやりとりでは，体力も付いてきたG男が，すでにこの時期には午睡をしない日も出てきたことを通じたやりとりが交わされています。午睡をしなかった日は，送迎時に口頭や連絡帳を通して伝えるようにしています。６月11日と，６月18日の連絡帳に記されている夜９時前後のG男の情景が印象的です。

深まる保護者との相互理解①：G男と父親の絆を通して

氏名

年 6 月 11 日　曜日　天気 あめ

睡眠 / 食事（ミルク）排泄 入浴

- 5〜7時台：睡眠
- 登園
- 8:50 食 パン（コーンスープ、ヨーグルト）
- おやつ とうもろこしを食べました。
- 11:15 食 ごはん（マーボーどうふ、ひじき、みそ汁、さくらんぼ）
- 1:40〜3:00 睡眠　枝豆を残しました。
- 3:15 おやつ ポテトもち（甘夏）
- 降園
- おふろ（入浴）
- 8:10 食 ごはん（しいたけあげ、がんも煮、冷シャブサラダ）
- 便 ふつう
- 10:20 S 睡眠

ナースリールームより　体温

朝登園すると「青い電車にのったの、外でごはん食べたの、Gはカバン持って行ってたの、パパは持っていかなかったの、公園に行ったんだよ」と教えてくれました。お父さんと2人のお出かけがとても楽しかったようですね。
とうもろこしの皮をむき調理室でゆでてもらって食べました。既にお友だちがむいたものを見て「黄色いのがほしい」というので「緑の皮をむいてみて」というとビリビリとあっという間に皮をむき、とうもろ

連絡事項
こしがでてくるとニッコリ。大切に持ち調理室に届けにいきました。

機嫌・健康状態：（よい）ふつう　わるい

家庭より　体温 36.4

私は知らなかったのですが、父親に聞いたらその通りだったようです。
父親がいると父親にベッタリで、ちょっとでも姿が見えないと「パパ、パパ」とさがしています。
9時にはお布団に入りましたが、なかなか眠れないようでした。

連絡事項

機嫌・健康状態：（よい）ふつう　わるい

深まる保護者との相互理解②：G男の午睡の変化を通して

氏名

年 6 月 18 日　曜日　天気 くもりのち晴

睡眠 / 食事（ミルク）排泄 入浴

- 5〜7:30：睡眠
- 7:50 食 ごはん（納豆、みそ汁、たまごやき）
- 登園
- おやつ
- 11:15 食 ごはん（がんもどき、みそ汁、おひたし、ソラマメ、びわ）
- 3:15 おやつ（ごはんのおやき、スイカ）
- 降園
- 6:00 おせんべい・牛乳
- 7:10 食 ハヤシライス（とうふ・トマト、さくらんぼ）
- 7:50 便 ふつう
- 8:50 → 入浴
- 睡眠

ナースリールームより　体温

今日も砂場で大好きな工事現場をつくって遊びました。山をつくり、トラックを走らせたり、転倒させたり。砂にうもれたトラックをブルドーザーやレッカー車が助けにきたりします。そこには細かいストーリーがちゃんとあり、説明してくれます。Gくんの頭の中では目の前の光景以上に具体的な様子がくり広げられているようです。

連絡事項

機嫌・健康状態：（よい）ふつう　わるい

家庭より　体温 36.3

今日はお昼寝をしていないとのこと。
夕食の仕度をしていると私のあとをついてきて少し機嫌が悪くなりましたが、お姉ちゃんと車のおもちゃを並べるなどして遊んでいました。
お風呂からでるとすぐに気持ちよく眠りました。9時前後に寝るまでお昼寝をしないで丁度良い感じです。

連絡事項

機嫌・健康状態：（よい）ふつう　わるい

執 筆 者 紹 介（執筆時）

網野　武博	東京家政大学　特任教授　（序，Ⅷ章）
高辻　千恵	東京家政大学　准教授　（Ⅰ，Ⅱ章）
岩田　　力	東京家政大学　教授　（Ⅲ章）
工藤佳代子	東京家政大学ナースリールーム　保育士　（Ⅲ，Ⅴ章）
阿部　和子	大妻女子大学　教授　（Ⅳ章，Ⅵ章，Ⅶ章）
山王堂惠偉子	東北文教大学　准教授　（Ⅳ章）
大塚　兼司	保育センターこどもの木かげ　所長　（Ⅳ章，Ⅶ章）
山本　直子	保育センターこどもの木かげ 野のはな空のとり保育園　保育士　（Ⅳ章）
宮岡　美雪	保育センターこどもの木かげ 野のはな空のとり保育園　主任保育士　（Ⅶ章）

【編著者紹介】

網野　武博（あみの　たけひろ）

東京大学教育学部教育心理学科卒業。厚生省児童家庭局児童福祉専門官，日本総合保育研究所第５部長・調査研究企画部長，東京経済大学教授，上智大学教授，東京家政大学教授を経て，現在東京家政大学特任教授。一般社団法人全国保育士養成協議会常務理事。日本福祉心理学会会長，公益社団法人全国保育サービス協会会長。

【主な著書】

『児童福祉学』中央法規出版，『これからの保育者に求められること』ひかりのくに，『保育を創る８つのキーワード』フレーベル館，『新保育書保育指針の展開』『０歳児のすべてがわかる！』『１歳児のすべてがわかる！』明治図書，他。

阿部　和子（あべ　かずこ）

日本女子大学大学院修士課程修了（児童学専攻）。現在，大妻女子大学家政学部児童学科教授。柏市健康福祉審議会児童分科会会長，同じくネットワーク会議委員長，全国保育士養成協議会常任理事，関東ブロック会長，厚生労働省「保育士養成課程等検討会」構成員。専門の研究領域は，こどもの自発性を中心に発達の姿を描き出すこと。また，こどもの自発性（興味・関心）を保育の核にしたときにどのようは保育内容や方法が考えられるか，さらに，こどもの興味・関心を育てる環境という視点から子育て支援などである。

【主な著書】

『子どもの心の育ち－０歳～３歳』萌文書林，『続子どもの心の育ち－３歳から５歳』萌文書林，『新・保育講座　乳児保育』ミネルヴァ書房，『保育内容総論』全国保育士養成協議会，『保育課程の研究－子ども主体の保育の実践を求めて』萌文書林，『乳幼児期の「心の教育」を考える』フレーベル館，『０歳児のすべてがわかる！』『１歳児のすべてがわかる！』明治図書，他。

２歳児のすべてがわかる！
保育力がグーンとアップする生活・遊び・環境づくりの完全ナビ

2016年２月初版第１刷刊　©編著者　網野武博
阿部和子
発行者　藤原光政
発行所　明治図書出版株式会社
http://www.meijitosho.co.jp
（企画）木村　悠（校正）広川淳志
〒114-0023　東京都北区滝野川7-46-1
振替00160-5-151318　電話03(5907)6702
ご注文窓口　電話03(5907)6668

＊検印省略　組版所　株式会社カシヨ

Printed in Japan　ISBN978-4-18-025712-6